O BUDISTA RELUTANTE

by

William Woollard

Translated by Denise Fonseca Paladini

Grosvenor House
Publishing Limited

This book is published by
Grosvenor House Publishing Ltd
28-30 High Street, Guildford, Surrey, GU1 3EL.
www.grosvenorhousepublishing.co.uk

A CIP record for this book
is available from the British Library

ISBN 978-1-78148-773-0

Dedicado a Daisaku Ikeda por sua inspiração constante, e a Sarah Woollard por seu constante amor e apoio.

Prefácio

Alguns anos atrás, em um de seus discursos, Bill Gates declarou: "não é nada divertido possuir 27 bilhões de dólares". Uma frase que causa impacto mesmo dita sem nenhuma intenção de provocar. Ainda que pronunciada pelo homem que se encontra no topo da pirâmide do capitalismo, devemos refletir na verdade contida nessas palavras. A opinião de Bill Gates de fato, coincide perfeitamente com os resultados das pesquisas feitas nos últimos seis anos pelos mais prestigiados sociólogos e psicólogos tanto da Europa como dos Estados Unidos. A pesquisa indica que o rápido aumento da riqueza nos últimos 50 anos, especialmente nas áreas mais desenvolvidas como América do Norte, Europa e Japão, não proporcionaram em nenhum modo, o aumento do nível de felicidade pessoal, pelo contrário, houve um aumento no nível de estresse causado em parte pela necessidade de acompanhar ou competir com o nível de bem estar dos vizinhos. Este tipo específico de insatisfação é chamado pelos cientistas de "ansiedade da comparação".

À primeira vista pode ser difícil aceitar esse paradoxo que confirmado por uma grande variedade de pesquisas, deixou de existir somente em jornais científicos e infiltrou-se nos debates públicos. Segurança financeira não garante a felicidade, escrevem os sociólogos, seguidos no momento pelos políticos que declaram a necessidade de "políticas" que vão além da preocupação com o PIB.

Mas, não é somente riqueza. O fato é que em quase qualquer critério de análise crítica que possa ser selecionado, temos mais nos dias de hoje do que jamais tivemos no passado, praticamente mais de tudo, mais conforto, mais feriados, mais formas de diversão, mais parceiros, mais alimento, mais casas, mais saúde. Mas, não parece que temos mais felicidade.

Portanto, o que podemos concluir com isso? A ética consumista, materialista do "agarre o que puder enquanto puder" característica dos anos 80 e 90, por mais que tenha sido difundida, não é mais o único caminho a ser percorrido nos dias de hoje. Existe uma contra corrente de pessoas que acreditam que a vida consiste em algo a mais que o simples acúmulo de bens, uma televisão nova ou um carro mais vistoso estacionado na garagem de casa.

Enfim, este livro trata essencialmente disto, do "algo a mais".

Este é o relato de uma séria e comprometida experiência pessoal com o Budismo, mas Budismo somente enquanto no sentido de vida cotidiana. Não é de modo algum sobre uma filosofia remota, abstrata, inacessível e não prática. Essencialmente é sobre um dos desejos mais básicos e universais do ser humano, como o desejo fundamental de sentir-se bem com si mesmo. Aborda a importância crucial de sentir-se conectado, de nos comportarmos com sinceridade em relação aos outros, e de demonstrarmos uma preocupação genuína com o bem estar do próximo. Fala ainda da determinação, da gratidão e da esperança, de todas as forças capazes de transformar a vida. Fala da relação íntima entre otimismo e boa saúde e muito mais.

Em poucas palavras, O Budista Relutante fala da felicidade nesta vida e de como aprender na prática a construir uma vida melhor e mais feliz para si e para os outros, independente das circunstâncias em que nos encontramos no momento. Para isso não é necessário ser perito no assunto, dedicar-se de forma especial ou ser de algum modo particularmente religioso.

O Budismo ensina que não se obtém a felicidade por uma questão de sorte ou acidente, mas sim de escolha, e como podemos aprender a fazer esta escolha. Aliás, uma das coisas mais significativas para mim durante a pesquisa feita para esse livro, foi descobrir que, muitas das conclusões apresentadas pela pesquisa moderna quanto ao bem estar interior do indivíduo e ao que dá o senso de propósito à vida, já tinha sido anunciada nos princípios e na prática do Budismo.

Por que então o *Relutante* do título? Porque levou muito tempo para que eu compreendesse o valor do que eu havia encontrado por acaso. A princípio, eu simplesmente refutava o Budismo, não compreendia que utilidade pudesse ter na minha vida. Este é um dos argumentos principais deste livro. É uma condição inicial que acredito, pode ser compartilhada com muitos leitores. Estou certo que há muitos budistas relutantes por aí.

Agradecimentos

Muitas pessoas contribuíram em várias formas na realização deste livro. Gostaria de expressar meus sinceros agradecimentos aos meus amigos budistas de Londres, que durante encontros e discussões nos últimos anos contribuíram com muitas das idéias e pensamentos contidos neste livro. Expresso minha gratidão especialmente a Kazuo Fujii, amigo e mestre, por ter estado sempre ao meu lado, e Barbara Cahill, que ficará surpresa ao ler isto porque não tem conhecimento do quanto seus comentários brilhantes foram uma inspiração no início da minha prática do Budismo.

Mas, acima de tudo, meus agradecimentos a Guy McCloskey e Jason Henninger e seus colegas da SGI-USA, pela imensa contribuição na leitura dos manuscritos e formulação de comentários tão detalhados. Agradeço também à Jessica, minha agente, que tem sido uma constante inspiração com o calor de seu apoio e precisão de seus conselhos. Muitíssimo obrigado a todos.

Sobre o autor

Produtor, diretor, escritor e apresentador. A experiência profissional de William Woollard, pós-graduado pela Oxford, abrange uma variada atuação na área de produção televisiva. Outras atividades exercidas anteriormente incluem piloto de combate da RAF, *trouble shooter* para uma empresa de petróleo na selva de Borneo e no deserto de Oman, sócio cientista para corporações de âmbito internacional na Europa e Estados Unidos e, finalmente, premiado apresentador e escritor de televisão, produziu vários documentários para as mais prestigiosas redes televisivas da Europa e Estados Unidos.

Viajou e viveu em várias partes do Globo. Casou-se duas vezes. Teve quatro filhos. Grande interesse pelo estudo comparativo das religiões entre outros interesses. Ele escreve, "Entrei em contato com o Budismo com grande ceticismo com relação ao seu valor dentro da Sociedade moderna do Mundo ocidental. Sou completamente convicto de seu profundo valor à vida de qualquer ser humano em qualquer lugar. Vejo esse ceticismo inicial como minha melhor qualificação para escrever este livro".

Sumário

CAPÍTULO UM

O que queremos dizer com Budismo?

Contemplação é a origem da Filosofia, e sem dúvida, da Ciência também; contemplação pelos detalhes da vida cotidiana e pela vastidão do universo ao qual a vida se desenrola. Experimenta-se um pouco deste sentimento ao primeiro contato com o Budismo: O Budismo é repleto de surpresas e não se adapta aos estereótipos que adquirimos através de viagens ou estudos casuais. Não é filosofia remota, acadêmica ou abstrata, e nem mesmo passiva. Ela é revolucionária, desafiadora, e por consequência surpreendente. É acima de tudo aprendizado relativo em como transformar cada momento da vida em experiência rica e gratificante.

Mas digo isso somente depois de muitos anos de prática budista. Lembro-me do forte sentimento de alienação quando encontrei o Budismo pela primeira vez na Inglaterra. Simplesmente não me servia a nada, e não queria que fizesse parte da minha vida. Eu não precisava dele. Eu não tinha tempo para isso. Em todo caso, sabia que não teria a menor relevância em meu estilo de vida caótico, ainda que fosse uma filosofia interessante.

Vivi e trabalhei por muitos anos no sudoeste da Ásia e no Oriente Médio em contato com budistas, hindus e muçulmanos, e tinha consciência da beleza do pensamento budista e como se adaptava bem ao ritmo da população local junto a qual teve sua origem e foi desenvolvido por séculos.

O que eu mais precisava era de tempo, e não de mais compromissos. Eu sabia quem eu era e o que queria da vida, que essencialmente era mais das mesmas coisas. Queria mais sucesso, mais fama, mais dinheiro para que pudesse ter mais tempo livre. Estava viciado no ritmo e entusiasmo da carreira de escritor, produtor e apresentador de programas para a televisão. Cada programa trazia seu desafio, estresse, estímulo e recompensa. O processo criativo era como uma droga. Assim, abusava do meu tempo e da minha energia para manter aquele hábito. Para que a sensação perdurasse, procurava sempre mais trabalho, mesmo sabendo que já tinha mais do que suficiente para manter-me ocupado em tempo integral.

Trabalhar em televisão me trazia muitas vantagens, relações interpessoais estimulantes e acesso a bens materiais em abundância.

Eu era feliz? Se me tivessem feito esta pergunta, provavelmente teria evitado respondê-la. Não era uma pergunta que faria a mim mesmo. Tocava a vida adiante. Tinha sido infeliz por muitos anos devido a um casamento falido, o qual acreditava fosse profundamente sólido e responsável por grandes momentos de prazer.

Tinha suportado a dor e continuava a levar a vida. Não sabia que outro comportamento poderia ter. Aceitava o que a vida me dava preocupando-me com os problemas que apareciam, e procurando aproveitar intensamente os momentos de alegria. Viver, para mim, era como andar em uma montanha russa: às vezes nos assusta a morte e outras nos fazem rir a gargalhadas. Lembro-me de evitar o uso excessivo da palavra "felicidade". Assim que a pronunciava, tentando descrever a experiência, ela parecia evaporar-se, então melhor não rotular a experiência.

Mesmo tendo crescido e sido educado em uma família cristã e impregnado de valores cristãos, há muito tempo havia renunciado à religião como forma de ajuda nos momentos difíceis. Não sentia a necessidade de apoio religioso a minha vida. Minhas escolhas eram essencialmente materiais e racionais. Vivemos em uma era de conhecimento e informação e acreditava que isso era uma verdade absoluta, que o melhor método para enfrentar as dificuldades ou qualquer problema, era racionalizá-lo, analisando-o detalhadamente até chegar a uma solução.

Nunca teria admitido a ninguém ou a mim mesmo, que em alguns casos este é um empreendimento impossível. Frequentemente quebrava a cabeça à procura de uma solução que nunca aparecia. O resultado era uma profunda ansiedade incontrolável, aquele peso provocado pela preocupação incessante ou uma frustração que podia explodir e transformar-se em uma tempestade a qualquer momento. Quando as coisas não andavam bem, procurava por alguma coisa ou alguém a quem culpar. No mínimo isso aliviava a frustração. Naquela época me definiam como uma pessoa irracional, mas esta não me parecia uma qualidade negativa, pelo contrário, vencia as discussões sem dificuldade. Em muitas ocasiões, por exemplo, fazia questão de deixar claro aos profissionais com quem trabalhava, quem é que tomava as decisões. Via esse comportamento como único modo de alcançar meus objetivos e atingir os resultados que desejava, levando em conta as limitações de tempo e de recursos. Sabia que não era uma pessoa fácil de lidar, mas tinha me convencido que o atrito que causava era um preço baixo a pagar em troca dos resultados que podia obter.

Basicamente esse era o William que encontrou o Budismo através de uma jovem com quem tinha um relacionamento. Ainda que o julgasse enormemente irrelevante em nossas vidas, não deixava de existir. Sarah era fortemente atraída pelos ensinamentos budistas e começou a frequentar várias reuniões. Isto teve um efeito significativo em mim. Basicamente passei da rejeição ao antagonismo. O Budismo tinha se transformado em uma ameaça a pouca estabilidade que tentava, com dificuldade, estabelecer na minha vida depois do divórcio. "Budismo. O que faço com isso?" Pensei, "já tenho problemas o suficiente!"

Mas não era simples. Raiva e exasperação não eram suficientes. Para assegurar-me de que o Budismo fosse banido de nossas vidas por meios racionais, deveria conhecê-lo melhor. Em poucas palavras, tinha que estudar sobre o Budismo para que pudesse ser convincente nos meus argumentos quanto a sua irrelevância e inadequação ao nosso estilo de vida.

Este livro é uma tentativa de relatar o que aconteceu desde então.

Não é uma história contada passo a passo. Não havia na época nenhuma idéia de percorrer uma trajetória. Somente quando reflito sobre o passado, posso ver quão longa foi minha caminhada, como minha vida foi transformada e como essas mudanças se penetraram com tanta profundidade. Não houve de modo algum um momento definido nessa transformação. Foi um processo relativamente lento de aproximadamente dois anos de leitura, debate, discussão, rejeição e reavaliação. Não foi um período fácil. Era muito relutante, por uma série de razões: não *precisava* de religião, ainda mais uma assim extravagante como o Budismo; não queria fazer parte de um grupo que de algum modo pudesse influenciar, ainda que pouco, a minha individualidade; e acima de tudo não acreditava que a prática budista pudesse ter algum efeito duradouro no meu modo e na minha percepção de vida. Como poderia ter? Como uma prática assim estranha, aparentemente sem razão, com sua repetitiva recitação, poderia mudar a minha vida de dentro para fora?

Mesmo assim estudei, debati, discuti e fui descobrindo que muita coisa no Budismo fazia sentido. Os valores de base eram claramente valiosos, objetivando a compaixão e a criação de uma sociedade dedicada à criação de valores onde se possa viver e educar os filhos de forma construtiva. Podia ver o efeito nas pessoas que encontrava em reuniões e seminários. Tinham claramente uma atitude positiva e plena de recursos com relação à própria vida apesar dos problemas que enfrentavam.

Eram muito generosos e prontos a oferecer apoio às outras pessoas. Não havia sinal de cinismo crítico frequentemente presente na sociedade moderna.

Gradualmente fui tomando consciência de que tinha chegado a um daqueles momentos críticos na vida. Um daqueles momentos difíceis em que estamos prestes a tomar uma decisão que poderá modificar nossa vida para sempre, ainda que preferíssemos não nos encontrar nesta situação.

É muito difícil modificar a vida de forma profunda. Aliás, é o *que há de* mais difícil. Possuía uma vida aparentemente bem definida, confortável, moderadamente bem sucedida, sem a percepção da necessidade de uma religião, mas parecia que eu tinha encontrado algo que poderia trazer grande riqueza para minha vida e àqueles ao meu redor. A consciência do potencial não tornou mais fácil a minha luta interior.

Hoje encontro muitas pessoas que estão na mesma situação. Muitos que estão procurando aquele algo *a mais* em suas vidas, um algo não bem definido, vago, mas nem assim deixa de ser algo real e persistente. Encontro essas pessoas com muita frequência. Pessoas de todas as idades, jovens e idosos, muitas das quais aparentam possuir tudo o que possam desejar. Porém, conhecendo-as melhor, constata-se que muitas têm a percepção de que há uma ausência. Algo que possa oferecer uma dimensão mais ampla e profunda daquela que possa dar a rotina do trabalho, da diversão e dos afazeres que nos consumam no cotidiano.

Há muito que fazer nos dias de hoje e pouco tempo para realizar todas as tarefas, sendo fácil manter-se ocupados com atividades, algumas banais, como correr de uma reunião, um evento, uma festa ou de um barzinho ao outro. Mas indubitavelmente somos animais espirituais. O físico e o material não são suficientes. Existe uma lacuna. Mesmo aquela cantora que nos anos 80 cantava com tanta convicção:

"This is a material world
...and I am a material girl"

Procurou consolo no poder da religião.

Talvez, há um tempo não muito longínquo isso tivesse fornecido uma resposta à maioria de nós, mas hoje não é mais o caso. As religiões oficiais, por assim dizer, não apresentam uma alternativa válida. Continuamos a sentir a necessidade de uma experiência espiritual profunda, mas dia a dia refutamos as formalidades associadas à maioria das religiões. Estranhamente, essa dimensão é procurada, cada vez mais, nos livros de auto ajuda que enchem as prateleiras das livrarias com seus conselhos de como enriquecer e aprofundar nossa vida e dar-lhe uma direção mais objetiva. Que outro modo de explicar o imenso sucesso na venda dos livros que nos ensinam a viver?

Acredito que meus amigos budistas me perdoarão se afirmo que, de certo modo, o Budismo possui um pé nos dois campos, no sentido de atuar como uma ponte extraordinária. Há o peso de um sistema filosófico bem estruturado e profundo, que atinge todas as áreas da vida humana, mas ainda é um excelente "faça você mesmo". Aliás, a essência do Budismo está em ensinar a si mesmo a arte de viver.

Sou consciente disso quando me encontro com pessoas novas. Se conversarmos casualmente sobre Budismo, noto com frequência uma reação de curiosidade e interesse. Muitos querem saber mais do que se possa explicar em breve conversa, mas ao mesmo tempo, há uma relutância em ser envolvido em algo aparentemente estranho e distante do mundo. Compreendo plenamente este comportamento. Ninguém quer ser diferente da maioria, como era o meu caso. Por mais que se diga que vivemos em sociedade multicultural, o alicerce da sociedade européia ainda é o Cristianismo Ocidental. Isto vale também para todos os lugares colonizados pelos europeus desde as Américas até a Austrália. Exemplo típico dessa cultura herdada é representado por aqueles que, mesmo não frequentando uma igreja por anos, ocasionalmente entram em uma capela procurando momento de paz ou em um instante de estresse oferecem prece a um Deus que não conhecem. Tais pessoas considerariam tarefa difícil, se não impossível, visitar um templo budista para recitar ou meditar. O mais importante é que, para a maioria de nós, não temos uma referência familiar quando ouvimos a palavra budismo. Com o Cristianismo, mesmo não sendo cristãos, temos referência abundante. A menção do nome budismo nos traz à mente uma série de estereótipos, uma vasta, nebulosa e mística filosofia sem limites claros, cheia de imagens ornamentadas nos templos no sudoeste da Ásia, repleto de estátuas de um Buda, tipo Deus, monges vestidos em cor laranja na Tailândia ou rodas gigantes de preces, girando no Tibet.

Portanto a pergunta apresentada neste capítulo, o que queremos dizer com Budismo?

Budismo e as Outras Religiões

Muitas vezes explicamos algo com maior clareza, não falando sobre o que é, mas sobre o que não é. Então, falando de Budismo, auxilia compará-lo com outras religiões das quais temos maior conhecimento. Com isso, deixo claro, que de modo algum pretendo expressar um julgamento crítico, mas sim meras observações. Estou plenamente de acordo com declaração feita pelo grande humanista, historiador e filósofo Arnold Toynbee, quando disse:

"... a incompatibilidade entre o Budismo e o Judaismo quanto à visão da realidade não significa que uma das duas seja falsa. Em minha opinião, indica somente que ambas as visões, sendo humanas, são parciais e imperfeitas"
Concordo.

O Budismo é ateísta ou humanista. Isto significa que não possui, ao centro de sua doutrina, um Ser onipotente, um criador universal como encontramos na maioria das religiões, como no Cristianismo, no Judaísmo, no Hinduísmo e na religião Muçulmana. A forma atribuída à natureza divina varia, obviamente, conforme a religião, mas em termos gerais, encontra-se de um lado um Deus ou divindades responsáveis pela criação e, portanto, exercem um papel importante na vida do Ser Humano. Do outro lado encontra-se o resto da Humanidade. Os dois, deuses e a humanidade... ou seja, nós, estamos separados por um imenso abismo.

A comunicação vinda dos deuses se dá através de mandamentos, coisas que devemos fazer para viver vida correta. Quanto ao Ser Humano, a comunicação se dá em forma de preces, adoração e súplica. O objetivo primordial do Ser Humano é o de estabelecer relacionamento apropriado com Deus através da adoração e da gratidão pelo dom da vida, e pedir-lhe ajuda quando se defronta com obstáculos insuperáveis. O conceito do Deus cristão antropormófico tem se transformado através dos anos, mas ainda predomina a figura do pai eterno que doou a vida ao Ser Humano. Os sermões fúnebres deixam claro "*o que o Senhor dá o Senhor tira.*"

O Budismo humanístico, ao contrário, aprofunda suas raízes na vida do ser comum, mortal. Às vezes é definido como *humanismo dinâmico,* sendo que seu objetivo principal é o de orientar a vida como um todo, em direção mais positiva e, sobretudo nega a existência de força criadora fora da própria vida. Portanto, budas são Seres Humanos comuns. Podem ser seres extraordinários pela sua imensa sabedoria e percepção e sua capacidade de orientar os outros, mas de nenhum modo atribuem-se poderes ou parentesco divino ou declaram haver uma linha de comunicação direta e preferencial com Deus. Aliás, estão constantemente afirmando a sua essência humana. O Budismo afirma que todos os seres humanos possuem, dentro de si, o potencial para alcançar o Estado de Buda, e potencial é uma palavra chave. O Budismo não tem nada a ver com a perfeição ou com algum tipo especial de elevação espiritual, é simplesmente descrito como qualidade latente que existe dentro de nós a qual precisamos aprender a utilizá-la. Essencialmente, a filosofia budista procura reforçar as qualidades de cada indivíduo, e ensinar-lhe como fazer uso dos recursos que lhe são disponíveis, sejam espirituais ou intelectuais, para criar valor na própria vida e na vida de outros, aumentando por assim dizer, a soma total de felicidade.

Há várias consequências que surgem das bases do Budismo humanístico. A partir do momento que no Budismo não se recorre a um Deus, por exemplo, temos que ser cuidadosos quando usamos as palavras *"fé"* e *"prece"*, que se encontra com frequência nas escrituras de muitas religiões, incluindo o Budismo. Desde que não existe um Deus em quem deveremos devotar e para quem rezar, obviamente no Budismo estas palavras têm um significado bem diferente.

Considerando como exemplo o conflito entre as religiões que sem dúvida, representa um dos maiores desafios nos dias de hoje, vemos que o Budismo por não atribuir nenhuma definição à divindade, não há fronteiras e não exclui a nada e a ninguém. Não há barreiras que possam separar as definições Cristãs de divindade daquela Muçulmana, ou Cristãs da Judaica, ou Judaicas da Hindu. É filosofia abrangente com visão ampla relativa à relação do homem com si mesmo, do homem com a sociedade, da sociedade com o meio ambiente e do ambiente com o Universo. Podemos imaginar série de círculos concêntricos partindo do Ser Humano e estendendo-se aos mais distantes cantos do Universo.

Outro ponto distinto que me marcou profundamente foi conscientizar-me de que o Budismo não é moralista, no sentido de que não existem dogmas e mandamentos religiosos, criados por uma autoridade externa com o intuito de estabelecer modelo de como devemos viver. Esta é a diferença fundamental porque estamos habituados a idéia de que há em todas as religiões, série de dogmas a serem seguidos.

No Cristianismo, por exemplo, há os Mandamentos. No Judaísmo e na religião Muçulmana existem códigos de conduta rígidos, que chegam a determinar o que devemos comer e quando. Enquanto o Hinduísmo se baseia num sistema de classe imutável, estabelecido por uma divindade que mantem as pessoas dentro de uma posição social específica pela eternidade, como monges, soldados, governantes, comerciantes e operários.

No coração do Budismo existe a convicção que não existe uma linha separatória entre bem e mal. Forças positivas e negativas, boas e más estão sempre potencialmente presentes em tudo. O grande desafio é reconhecer nossa negatividade por si só e assim usar essa consciência para afastá-la de nossas vidas, e prosseguir em direção mais positiva e rica em valores. A prática budista é apresentada essencialmente como o *mecanismo* capaz de nos ajudar a conquistar esse objetivo, que muitas vezes pode parecer impossível, sendo que a negatividade é nata no Ser Humano, é persuasiva, convincente e sempre presente.

Assim, o Budismo não é baseado em regras de conduta, mas sim em observação, exatamente como a ciência, sem querer com isso ir muito longe nessa comparatividade. A ciência se propõe a explicar as leis físicas do Universo, por exemplo, a transmissão da luz ou a lei da gravidade. Mesmo não conhecendo a fórmula ou não a compreendendo, se decidíssemos pular de uma janela do quinto andar, seguramente a lei da gravidade causaria um impacto imenso na nossa vida.

Da mesma forma, o Budismo propõe-se em definir o que podemos chamar de leis espirituais universais da vida; os princípios que colocam em movimento nossos pensamentos e comportamentos. Essencialmente afirma: é a sua vida. Somente você pode vivê-la, ninguém mais pode vivê-la em seu lugar. Somente você, na estrada da própria vida pode superar os desafios que encontra pela frente. Portanto, você é o único *responsável* na escolha de *como* agir em face aos obstáculos. E da mesma forma que a lei da gravidade é rigorosa no Universo físico, é igualmente rigoroso no Budismo o princípio da responsabilidade pessoal.

A idéia central do Budismo é a de que somos plenamente responsáveis pelas nossas causas, ou seja, pelo que semeamos; bem, mal ou neutro. Por consequência somos totalmente responsáveis pelos efeitos, o que viremos a colher. Mais cedo ou mais tarde inevitavelmente, no momento e modo mais apropriado os efeitos de nossas causas se manifestarão. O Budismo explica que a relação de causa e efeito está ligada a nós como a nossa sombra, assim como não podemos nos livrar de nossa sombra, não poderemos nos liberar da lei de causa e efeito.

Este é certamente um dos princípios budistas mais difíceis de aceitar e compreender e ao mesmo tempo agradável, porque não estabelece código de conduta; e muito estimulante porque reconhece a responsabilidade individual.

Paradoxalmente é ensinamento aberto à esperança, e como exemplo podemos citar que quando algo não vai bem em nossas vidas, automaticamente procuramos algo ou alguém a quem atribuir a culpa. Todos nós fazemos isto. O Budismo diz que devemos procurar as causas dentro de nós, porque seguramente a encontraremos. O ponto crucial é que se as causas estão dentro de nós, as soluções também estão.

E por último, a característica que me ajuda a definir o Budismo, especialmente para aqueles que nunca tiveram contato com ele, é que o Budismo não é sinônimo de passividade. Isto se contrasta com um dos estereótipos mais radicais sobre o Budismo, que influencia quase todas as discussões sobre o tema. O Budismo é certamente pacifista, considerando a guerra e a violência como forças destrutivas que servem somente para criar mais violência e destruição, mas frequentemente se confunde pacifismo com passividade, de onde se deriva o estereótipo de que seja utilizado como um modo para fugir da realidade, e que os budistas são pessoas tranquilas, introvertidas e reclusas, procurando viver longe do estresse da vida moderna.

Não existe nada de mais falso que a convicção de que o Budismo seja simplesmente um vasto sistema filosófico. Certamente oferece muitos pontos para reflexão, mas, sobretudo, o Budismo é *ação*, do modo como vivemos a própria vida e o que pensamos dela.

Assim sendo está constantemente desafiando as pessoas a saírem da própria toca e a procurarem novas formas de desenvolver seu potencial, de criar algo de valor real dentro de suas vidas e das vidas dos que estão ao seu redor. É baseado na confiança em si mesmo.

Resumindo, o Budismo é ateísta, porque não reconhece um poder divino superior, não é moralista porque não dita um código moral ou dogmas e mandamentos, com intuito de ensinar o indivíduo como viver, e não é passivo, porque incentiva o crescimento contínuo do ser humano dentro da sociedade na qual está inserido.

Encontro com frequência pessoas que estão nas suas montanhas russas, para cima e para baixo, e em torno. Pessoas que vivem de modo mais ou menos satisfatório, são pouco interessadas em qualquer tipo de religião além da participação em eventos formais como batismos, casamentos e funerais, sabem pouco ou muitas vezes nada sobre o Budismo e não têm muito interesse em saber mais.

A única coisa que sabem muito bem é que a vida é difícil para todos, incluindo aqueles aparentemente bem sucedidos e confiantes de si, mas também com frequência persiste a questão: "A vida se resume nisso? Não deveria existir algo mais?"

O Budismo se ocupa exatamente de encontrar esse algo mais que muitas pessoas creditam que está faltando em suas vidas, e bem como explica um texto budista:

"Nós, comuns mortais, não podemos ver os nossos cílios que estão tão perto, nem mesmo o céu que está distante. Igualmente não sabemos o Buda que existe dentro de nosso coração".

Em síntese, é nisso que se baseia a prática e o estudo budista; aprender a trazer à tona esse recurso interior, ir além do intelecto para liberar essa qualidade que faz parte do nosso humanismo.

Há observação interessante feita pelo historiador e filósofo Arnold Toynbee, já citado anteriormente, em um diálogo com Daisaku Ikeda, uma das maiores autoridades sobre Budismo, cuja obra se encontra citada na bibliografia deste livro.

Se quisermos compreender o mecanismo de nossa mente e as motivações que impulsionam nossos pensamentos e ações, segundo o professor Toynbee, é necessário estudar as filosofias asiáticas partindo especificamente do Buda histórico – Sakyamuni:

"A consciência" diz, "é somente a manifestação superficial da nossa psique. É como a ponta visível de um icebergue, o qual a maior parte está submersa... a descoberta e a exploração da profundeza da psique do subconsciente só foram iniciadas recentemente no Mundo ocidental com Freud, na Índia foi antecipada pela geração do próprio Buda e seus contemporâneos hindus, ou seja, ao menos 2.400 anos antes de Freud... Os ocidentais têm muito que aprender da experiência do leste da Ásia nesse campo e particularmente dos indianos."

Dizem que talvez a maior contribuição do Budismo ao patrimônio espiritual e religioso para a humanidade foi ter introduzido o conceito de escolha, que cerca de 2.500 anos atrás, quando este sistema filosófico teve origem, era realmente um pensamento revolucionário. Em uma época em que a humanidade era prisioneira dos mecanismos de controle coercitivos e limitantes, como por exemplo, o destino ou os mandamentos ditados por uma divindade, o Budismo introduziu a idéia extraordinária de que o homem é responsável em primeira pessoa, mas que também deve dar contas somente a si mesmo. Temos a liberdade e os recursos necessários para fazer as nossas escolhas, para ter controle de nossas vidas a partir do momento em que aceitamos total responsabilidade pelas consequências das nossas ações. Era na época pensamento revolucionário e em muitos aspectos, continua sendo revolucionário nos dias de hoje, especialmente em um tempo caracterizado pelo fundamentalismo religioso. Pode parecer esotérico procurar no Budismo a solução para muitos dos problemas da sociedade, mas isso se justifica somente porque a visão do Budismo no mundo ocidental é cheia de estereótipos.

Estamos acostumados a procurar soluções não tanto em mudança individual, mas através de manobras políticas ou nas promessas da ciência e da tecnologia. Em essência, o Budismo fala sobre transformar a sociedade da única forma que pode ser realmente sustentável, ou seja, de baixo para cima, através da transformação de cada indivíduo. Penso poder afirmar que nunca mais do que nos dias de hoje, tenha existido a necessidade de filosofia baseada na responsabilidade individual. O Budismo fala de *revolução humana*, indivíduo por indivíduo.

A Carta da UNESCO contém uma afirmação que elucida claramente o conceito budista de um mundo firmemente dominado pela paz: *"... desde que a guerra tem origem na mente dos homens, é na mente dos homens que a defesa da paz deve ser construída."*

O Budismo especificaria adicionando: *indivíduo por indivíduo.*

Budismo e Ciência

Passou a ser de moda associar os dois termos Budismo e Ciência, como se de algum modo ocupassem o mesmo território. Acredito que esta é abordagem extremamente enganosa. O Budismo não pretende ser científico na sua abordagem, de fato não o é; e nem é necessário venha a ser. O Budismo não precisa de justifitiva científica para seus insights dentro da natureza da vida humana, e a Ciência, por outro lado, não há os recursos adequados para tratar dos credos religiosos. Os cientistas, enquanto indivíduos podem ter suas crenças religiosas e muitos obviamente as têm, mas isto simplesmente confirma o poder do pensamento religioso. A Ciência nunca se ocupa de religião e nem tem meios para fazê-lo. Stephen Jay Gould, grande paleontólogo, autor de publicações sobre a Ciência, criou um acrônimo para descrever esta posição: NOMA, que significa *"not overlapping magisteria"* (matérias não sobrepostas), um modo elegante para dizer que Ciência e religião ocupam essencialmente dimensões diferentes da nossa vida.

Acredito que este seja ponto importante já que a Ciência e a tecnologia ocupam lugar dominante no mundo em que vivemos. Porém, o fato é que a Ciência representa somente pequena parte, altamente especializada, do nosso conhecimento. A maioria deste conhecimento resulta da experiência acumulada na vida, e se refletirmos por um instante, verificaremos que esse é o único modo em que podemos lidar com o nosso dia a dia. Como resultado de nossas experiências pessoais, fazemos uma série de suposições sobre nós mesmos, os outros e o mundo, que são constantemente reavaliadas conforme as novas experiências que acumulamos. Podemos dizer que a vida nos ensina a viver. A verificação experimental das várias teorias e hipóteses científicas é um pequeno apêndice especializado desta abordagem básica da vida. Para as questões mais profundas e enigmáticas como por exemplo: Por que estamos aqui? Qual é a razão e o significado da vida? ou O que acontece depois da morte? Não recorremos à Ciência mas procuramos as respostas em um âmbito completamente diferente que chamamos de religião.

Em relação ao tema, é interessante mencionar uma conferência científica realizada no Salt Lake Institute em La Jolla, Califórnia em 2006 entitulado *"Além da crença: Ciência, religião, razão e sobrevivência."*, onde participaram renomados cientistas de todo o mundo. Um dos temas discutidos foi: *A Ciência deve abolir a religião?* Nenhum dos participantes acolheu a hipótese e Steven Weinberg, eminente cosmologista e ganhador do prêmio Nobel da Universidade de Austin no Texas ressaltou a importância da religião em nossas vidas dizendo:

"Não sou um daqueles que diria com entusiasmo que para compreender o mundo devemos somente observar as imagens da Nebulosa da Águia e sentiríamos tanta alegria a ponto de não necessitarmos de religião. Ao contrário, sentiríamos a falta da religião."

Certamente sentiríamos a sua falta.

Retornando à questão inicial da relação entre Budismo e Ciência, acredito ser extremamente interessante, o fato de que muitas das percepções budistas fruto de anos de observação e meditação, parecem de certo modo, antecipar muitas das conclusões científicas modernas alcançadas depois de 200 anos de rigorosa observação e experimentação. Tanto o Budismo como a Ciência é repleto de surpresas. Ambos revelam como podemos ser enganados pelo convencional senso comum e pela nossa percepção no dia a dia.

A Ciência Moderna lida fundamentalmente com o inesperado. Raramente, ou quase nunca, as coisas são aquilo que aparentam. O que experimentamos com nossos sentidos, a dura natureza da realidade como a conhecemos, revela-se com frequência bem diferente. É fato difícil de aceitar. Como disse o físico teórico Brian Greene em *A trama do cosmo*:

"A lição mais importante que emergiu da pesquisa científica no último século é que a experiência humana é uma guia enganosa quanto à verdadeira essência da realidade. Sob a superfície do cotidiano encontra-se um mundo quase irreconhecível."

Podemos dizer que esta separação entre percepção e realidade teve início com Copérnico, que teve a difícil tarefa de convencer seus contemporâneos de que o sol não girava em torno da Terra todo dia. Não poderiam imaginar que era a Terra que girava. Copérnico teve que comprovar sua descoberta com complicados cálculos matemáticos, demonstrando que o que vemos todo dia é simplesmente uma ilusão. Obviamente nos dias de hoje, não precisamos de prova deste fato. Limitamo-nos a ignorar aquilo que vemos, e acreditamos no que nos dizem os cientistas, mas nenhum de nós viu a Terra girar em torno ao Sol.

O processo tem se dado continuamente desde então. Os cientistas têm desmantelado as várias camadas da ignorância humana revelando muitos dos mistérios do Universo, os quais não são levemente diferentes da nossa percepção cotidiana, mas se encontram em uma direção completamente oposta do que o senso comum nos sugere. Sabemos hoje, por exemplo, que nossa audição é capaz de detectar uma pequena fração da imensa gama de sons que nos circunda. Nossos olhos vêem uma pequena parte do spectro de ondas eletromagnéticas que poderiam ser vistas ao nosso redor. O mundo dos objetos ao qual fazemos parte e que consideramos certo e bem definido revela-se composto principalmente de espaços vazios e vibrações. Se nos aventurarmos no campo das partículas que forma tudo aquilo que existe, verificaremos que o mundo é ainda mais estranho e instável. Não existe nada imutável, nada permanece idêntico de um momento ao outro. Tudo se modifica continuamente, as partículas aparecem e desaparecem, às vezes estão outras vezes não estão, aparecem em forma de partícula e outras vezes em forma de ondas. São imprevisíveis em seu comportamento aparentemente irreais.

Einstein disse certa vez, que tudo isto era absurdo mas não deixava de ser real. É muito significativo que uma das leis mais importantes usadas para descrever o mundo no qual se baseia a realidade que percebemos é chamada de *"princípio da indeterminação"*, para indicar que o mundo se modifica em frente aos olhos dos cientistas conforme o momento em que é observado.

O que tudo isso tem a ver com Budismo? Muito, no meu ponto de vista. Quando passei a conhecer melhor o pensamento budista, observei que havia muita semelhança entre aquela física, técnica e científica visão do funcionamento do mundo e muitos princípios budistas estabelecidos há tanto tempo atrás. O Budismo também disse que a transformação é o ritmo contínuo de tudo sob o sol, ou melhor, de tudo "incluindo o sol". Usa a palavra "impermanência" e fala da separação, mas também da unificação da mente e do corpo, dos seres e do ambiente. Usa a frase memorável "dois, mas não dois". É algo que não podemos ver, devemos somente confiar. A frase de Brian Greene a respeito da física é aplicável ao pensamento budista: *"... a experiência é muitas vezes uma guia enganosa quanto ao verdadeiro caráter da realidade."*

Desta forma, o ensinamento budista em grande parte nos convida a reavaliar nossa visão do mundo e de nós mesmos, incita-nos a reconsiderar as suposições adquiridas através do senso comum e que carregamos conosco. Incentiva-nos a desenvolver nossa percepção com um maior grau de claridade. O mundo continua o mesmo é nossa percepção que se modifica, a forma da qual vemos os outros e nós mesmos.

Budismo e Saúde

Como disse anteriormente, a ciência não se ocupa de religião.

Vale à pena mencionar que um número crescente de cientistas tem demonstrado interesse na religião nos últimos anos, especialmente quanto a um fenômeno evolutivo. Basicamente eles têm perguntado: Por que religião existe? Do que se trata exatamente? Em termos científicos, talvez fosse melhor perguntar qual função evolutiva poderia servir. De certo modo essa é a pergunta fundamental que todos fazemos. Que papel a religião exerce em nossas vidas? Por que existe? Certamente são questões nas quais pensei muito durante minha conciliação com o Budismo, e é o tema condutor dessa obra.

Sabe-se que Karl Marx ridicularizou religião definindo-a como "o ópio das massas". É frase de grande peso que ressoa com intensidade nas últimas décadas, mas que representa um estalar dos dedos em relação aos milênios durante os quais de uma forma ou outra, a religião ou a crença espiritual teve um papel central na vida dos seres humanos. Aliás, parece ter-se iniciado com a origem de nossa existência, muito antes dos primeiros povoados, da agricultura, e do início do que costumamos chamar de civilização. É amplamente reconhecido, por exemplo, que os desenhos encontrados nas cavernas no período do aparecimento do homem moderno na Europa cerca de 30.000 a 40.000 anos atrás, não têm simplesmente uma função decorativa, inúteis rabiscos feitos por caçadores da Era Neolítica num período de folga durante um longo inverno.

Ao contrário, eram possivelmente grafites ligados às cerimônias religiosas celebradas ao interno das cavernas à luz incerta das tochas que as iluminavam. Todos os membros de uma tribo ou família reforçavam desta forma a sua aliança. Provavelmente não havia nada de mais importante em uma sociedade tribal para poder enfrentar os desafios físicos e espirituais da idade da pedra. As armas por mais que afiadas, e os utensílios de pedra, tinham pouca importância em comparação ao valor do apoio, da confiança e da crença compartilhada entre os membros de um grupo.

Dando-se um passo avante de aproximadamente 30.000 anos aos dias de hoje, parece que um dos maiores benefícios derivados de forte crença religiosa ou espiritual seja um maior senso de totalidade e bem estar, fazendo com que nós, humanos tenhamos uma vida melhor e mais longa. Inúmeros estudos sugerem que forte crença religiosa pode aumentar o sistema de imunidade, proporcionar melhores condições para que nosso organismo combata doenças fatais como o câncer e doenças do coração, aumentar nossa capacidade de lidar com estresse e intervenções cirúrgicas. Obviamente é grande alegação que não pode ser feita sem profundidade. Este é tema que será abordado em mais detalhe no capítulo Budismo e Saúde, mas neste momento, quero ressaltar o quanto o assunto está fortemente fundamentado em uma crescente fonte de pesquisa, como diz em resumo um jornal científico:

"Recentes estudos sociológicos têm demonstrado, que comparados com pessoas não religiosas, os religiosos praticantes são mais felizes, vivem mais tempo, sofrem menos de doenças físicas e mentais e se recuperam mais rapidamente de intervenções médicas como cirurgias."

Não estou certo se podemos aplicar o termo "evolutivo" a essa observação científica, mas acredito que ninguém pode questionar suas vantagens. Parece evidente que a religiosidade cria esperança e a esperança nutre nossa habilidade física de combater doenças.

Toda prática budista visa cultivar esperança e otimismo em nossas vidas.

O Budismo e a Vida Cotidiana

Este é o teste definitivo, não é? Como o Budismo afeta o modo em que vemos e lidamos com o constante desenrolar de eventos no dia a dia em nossas vidas com seus caóticos, inesperados, desafiadores, às vezes desencorajadores e muitas vezes frustrantes detalhes? As respostas podem ser muitas, mas a mais importante é que o Budismo é tão filosófico quanto prático. Transmite visão global da vida e também visionária colocando-nos em uma posição que nos proporciona ver o mundo através de perspectiva mais ampla. Por outro lado, o Budismo é pragmático e propõe estratégias práticas para lidarmos com os eventos em nossa vida diária.

Faz grande diferença quando nos conscientizamos que o Budismo não se baseia em seguir regras e mandamentos ditados por uma figura divina. O Budismo se baseia em nutrir o eu superior. Esse conceito causa certamente, grande impacto no modo o qual vemos a nós mesmos, nosso senso de auto-estima, e como nos relacionamos com os outros a nossa volta como a família, amigos e conhecidos.

O grande diferencial é que o Budismo tem visão do mundo totalmente inclusiva. É genuinamente religião global. Parece destruir todas as barreiras existentes entre o "eu" e os "outros". Neste sentido transcende raças e grupos étnicos, nacionalidades e culturas e abrange toda a humanidade sem exceção. Nunca mais que nos dias de hoje, houve a necessidade de uma filosofia capaz de incluir a todos e quebrar as barreiras entre os povos.

Quanto a sua praticidade, no Budismo não se objetiva obter um lugar seguro num paraíso celeste. Budismo é vida diária lidando com o aqui e agora. Trata de desenvolver habilidades completamente terrestres como a perseverança diante dos obstáculos, a coragem para enfrentar os problemas ao invés de escondê-los debaixo do tapete e a conscientização cada vez maior sobre nosso semelhante. O Budismo é baseado no equilíbrio. Nós no mundo ocidental estamos acostumados a separar César de Deus, o Estado da Igreja e a acreditar que nossas aspirações espirituais são separadas daquelas materiais mesmo que merecidas. O Budismo defende que ambas são essenciais para a felicidade do ser humano. Uma não é melhor do que a outra. Está em nossas mãos estabelecer o equilíbrio em nossas vidas.

As implicações desse princípio e esses valores básicos são claramente profundas não somente para o indivíduo, mas para a sociedade como um todo. A visão budista da realidade diz que tudo, sem exceção está interligado, interconectado em seu nível mais profundo. Da mesma forma como uma ilha parece estar isolada da terra firme, na realidade, sua base está conectada ao fundo do mar. Cada onda parece separada e distinta, mas cada uma delas é somente uma parte da vastidão do oceano.

Assim essa teoria budista nata e radicada há mais de 2.500, anos se harmoniza em muitos aspectos com as descobertas da ciência moderna. O DNA, por exemplo, nos conecta a todo outro ser vivente e não somente a outro ser humano, mas a tudo o que já existiu sobre a face da terra. O notorio cientista e filósofo americano

Daniel Dennel com grande entusiasmo diz: *"Um vírus é formado de uma enorme molécula, uma macromolécula composta de centenas e milhões ou mesmo milhares de elementos dependendo de quanto pequenas são as partículas que levamos em consideração. Essas partículas de nível atômico interagem em si, obviamente sem consciência como se caracteriza, para produzir efeitos extraordinários. O mais importante sob o ponto de vista dessa pesquisa é a autoreprodução... Não existe mais nenhuma dúvida quanto a isso, somos descendentes diretos desses robos reprodutores... Existe somente uma árvore genealógica da qual descendem todos os serem que viveram neste planeta, incluindo não somente animais, mas plantas, algas e bactérias também. Temos antepassados em comum com cada chimpanzé, cada verme, cada folha e cada árvore de sequóia."*

E este é só o início, falo somente de DNA. O material do qual somos feitos se liga intimamente a todas as rochas, a todo o planeta e a toda a galáxia do Universo inteiro porque somos feitos da mesma substância. Estamos inteiramente conectados no nível de átomos e moléculas. Não é um sofisma, mas uma realidade que vai além da nossa experiência pessoal. Somos parte do nosso ambiente em todos os níveis.

Mas que diferença faz? O que tem de mal em nos considerarmos separados e distintos de todo o resto do planeta? Que importância há? A Ciência, enquanto demonstra a realidade da interdependência não causou implicações éticas ou sociais. O Budismo sim, e sua resposta fundamental a essa pergunta é que tudo nas nossas vidas é guiado pelas nossas sensações, portanto uma percepção errada derivada de uma perspectiva restrita resultará em ações totalmente inapropriadas.

Em uma perspectiva restrita temos "eu" e "você", situação suficientemente simples de lidar. Mas quando nos alargamos a "nós" e a "eles", onde "eles" se diferem de "nós" a questão se torna mais complicada. Talvez o leitor seja uma pessoa pacífica, caridosa, altruísta, que se dá bem com todos, mas, não é necessário dizer que não somos todos iguais.

Basta examinar brevemente a história da humanidade, antiga e moderna, para entender que a idéia de separação entre "eles" e "nós", entre as coisas deles e as nossas coisas, entre a pela branca e a pele negra, entre católicos e protestantes, entre cristãos e muçulmanos constitui a raíz de tudo, das brigas entre as torcidas dos times de futebol na calçada de um bar no sábado à noite, do racismo, do extremo nacionalismo ou fundamentalismo religioso, que culminam com atos atrozes como é o caso de Ruanda, de Sebrenica ou de Auschwitz.

O Budismo traça três círculos concêntricos em torno à vida e nos coloca no centro, em seguida a sociedade como um todo e finalmente no círculo externo se encontra o meio ambiente de todo o Universo. O Budismo sustém que todos os três círculos estão completamente interligados e que nenhum dos três existe sem os outros. Para termos uma vida completa e feliz, precisamos estar conectados com os três círculos. Para isso devemos respeitar a nossa vida, dar apoio à vida dos outros em todos os meios possíveis e imagináveis e preservar o ambiente físico que mantém a todos nós.

O Budismo e o Dilema do Sofrimento

O sofrimento é o dilema da humanidade. Simplesmente não o compreendemos e não sabemos como enfrentá-lo. Ninguém quer sofrimento, dificuldades e problemas na vida. O senso comum é que devemos erradicá-lo ou mantê-lo distante, organizando nossas vidas de modo em que o sofrimento não venha nos incomodar.

Mais uma vez o Budismo nos propõe um insólito paradoxo. Fundamentalmente ensina que os problemas que encontramos na vida, as dificuldades e desafios, por mais que nos causem ansiedade e preocupação, e aos quais gastamos tanta energia e tempo procurando evitar, são na realidade valiosos. Mais que isso, são *indispensáveis* para que possamos alcançar autêntico bem estar e a verdadeira felicidade, porque nos fornece o único meio disponível para trazer à tona o melhor de nós mesmos, transformando-nos em indivíduos mais fortes, mais felizes, mais determinados e otimistas. Se lhe parece uma afirmação ecêntrica pra não dizer perversa, posso dizer que é exatamente o que pensei quando entrei em contato com o Budismo. Quem precisa de problemas?

Obviamente o caso não é de *precisar*, mas *lidar* quando se fazem presentes. Quando tudo vai bem, é óbvio que preferimos nos concentrar na alegria e felicidade, mas sabemos que alegria e felicidade são condições não permanentes e que a realidade se intromete sempre, assim o amor se transforma em desespero, a riqueza em pobreza, a harmonia em conflito, a saúde em doença e a paz em guerra. A verdade é que somos condicionados desde a infância em vários modos, a reagir negativamente em face aos problemas e dificuldades, e considerar como desgraça a ser evitada a todo custo. Mas inevitavelmente os problemas continuam a aparecer em nossas vidas e da mesma forma nossa reação negativa. Compara-se com o princípio do reflexo condicionado conduzidos nos cães de Pavlov. A consequência natural é que nossas mentes associam os desafios e problemas com a ansiedade e a preocupação.

O Budismo ensina que a chave para resolver a situação é vê-la pelo que ela é na realidade. Não é o problema em si a causa do sofrimento, mas nossa reação a ele. Pode parecer uma distinção irreal mas ao contrário, é distinção fundamental ao ponto que, uma vez compreendida pode transformar completamente nossas vidas. O Budismo argumenta que se o problema causa sofrimento ou proporciona um crescimento pessoal, depende essencialmente de nosso comportamento com relação a ele.

Podemos obviamente criar diversos paralelos concretos. Nenhum levantador de peso desenvolve a musculação ao levantar pesos cada vez mais leves. Nenhum atleta atinge sua melhor forma evitando a fatiga de um duro treinamento. A propósito, é comum conversas entre os atletas sobre superar o obstáculo da dor. Se um atleta decidisse adotar treinamentos sempre mais fáceis diria adeus a qualquer chance de vitória.

Quanto aos atletas, raramente prestamos atenção ao quanto devem colocar-se a prova, superando obstáculos cada vez mais difíceis para alcançarem seus objetivos nas competições. Ao final, se transformam em atletas mais fortes e determinados, mais capazes e por que não dizer, mais felizes! Não é um empreendimento simples, devem aprender a fazê-lo. Isso significa treinamento e certamente não é fácil.

O Budismo nasce da percepção de que a vida em si é difícil, e que o modo que escolhemos para reagir em face das dificuldades determina a essência da nossa vida. É igual para todos, sem nenhuma exceção. Para os que possuem boa reserva de bens materiais e para os que não a possui. O que difere é o tipo de problema. Não existe barreira que possamos erguer para nos defender da tensão e estresse que faz parte da humanidade. Nada pode nos proteger; nem o status social, a riqueza, o sucesso, nem mesmo o poder, porque a prosperidade material pode somente modificar as circustâncias superficialmente, evita que soframos de fome e frio, mas não modifica fundamentalmente a essência da condição humana. Nesse sentido estamos todos no mesmo barco. Talvez nunca tivesse sido tão evidente, como nessa assim chamada era da celebridade, onde lemos nos jornais e assitimos na TV todo dia a realidade nua e crua sobre a vida daqueles que tiveram o seu minuto de fama. Quando vemos as princesas, os primeiros ministros e as estrelas do cinema longe das luzes e do brilho, verificamos que por mais fascinantes que possam parecer, a realidade é que enfrentam os mesmos problemas que todos nós, e em muitos casos dificuldades ainda maiores sendo que a fama e a riqueza trazem consigo outras pressões.

O fato estranho é que apesar de todas as lições que a vida nos dá em uma sequência ininterrúpta, frequentemente insistimos em negar a realidade. Preferimos considerar o fluxo interminável de problemas e provas a serem superadas como um desvio a norma.

"Esta não é a minha vida realmente.", dizemos a nós mesmos, *"devo somente superar esse terrível momento e tudo voltará ao normal."*

Estamos certos de que uma vez superado o problema em que nos escontramos no momento, seja uma dificuldade financeira, um problema no trabalho ou uma discussão com o parceiro, nossa vida voltará ao estado *normal* de calma e serenidade. Essa é a vida que queremos, sem problemas.

Obviamente é condição que não existe. A atual safra de problemas será substituída pela próxima e assim por diante. Os problemas são parte integrante da nossa vida neste planeta, exatamente como a lei da gravidade, e assim como as maçãs caem em direção ao solo, assim é a vida humana repleta de problemas.

Desta forma, o Budismo não consiste em escapar da realidade e evitar a preocupante complexidade da vida moderna, procurando refúgio interior em algum santuário para meditação. Não consiste também em estoicismo, em aprender a suportar com coragem as dificuldades mantendo-se calmo quando todos ao redor estão se desesperando. O Budismo não é nada disso, nem mesmo parecido. Talvez o Budismo signifique desafio.

Na base do Budismo está a noção de que mesmo não podendo mudar a essência intrínseca da vida plena de desafios e dificuldades, é possível modificar o nosso comportamento quando em face de tais dificuldades.

Pode parecer uma afirmação obvia e talvez banal. "É tudo?" podem perguntar.

O Budismo explica que haver um comportamento diferente é fundamental para obter um resultado diferente. Se um problema provoca sofrimento ou é visto ao invés como uma oportunidade para o crescimento pessoal, depende de nossa atitude em relação a nós mesmos e à situação em que nos encontramos. Sabemos, porém, que poucas coisas são mais difíceis de modificar que uma profunda transformação nos nossos padrões de comportamento, e nosso modo de pensar os quais nos acostumamos a seguir por anos. Representa quem somos, e mudar quem somos é uma tarefa difícil.

A prática budista tem como foco obter essa transformação no comportamento e liberar uma nova fonte de energia e determinação. Mas não basta somente pensar "De hoje em diante vou viver assim", simplesmente não funciona. Devemos aprender como mudar, da mesma forma como o atleta tem que treinar para adquirir mais músculos e melhorar seus reflexos com o fim de obter o máximo do seu corpo.

Dessa forma, devemos adquirir novas capacidades e modos de pensar que não devem ser considerados como uma meta, mas sim como um percurso, uma viagem contínua à descoberta de si próprio. Essa viagem inicia ao assumir a responsabilidade pelas partes de nossa vida que não estão bem, e gradualmente dia após dia desenvolver a resistência, a coragem e a compaixão em modo de poder manter a transformação.

Este livro não é série de lições acadêmicas sobre o Budismo. Direi que é longa conversação, uma conversação privada, absolutamente real e concreta que revive a minha viagem pessoal na prática e no estudo do Budismo e que teve início cerca de 20 anos atrás, até o reconhecimento do imenso valor que essa fé traz diariamente em cada aspecto da minha vida. Por exemplo, enriquece e reinforça meu casamento em modos que são muito numerosos para mencionar. Nenhum casamento é livre de tensão e conflito, nesse sentido o Budismo é um ótimo consulente matrimonial! Mais que isso, é grande consulente das relações. Por quê? Porque as discussões entre pessoas que têm um relacionamento próximo podem ser violentíssimas e altamente destrutivas, especialmente quando ambas as partes conhecem bem o ponto fraco do outro. A prática budista coloca na mão de ambos, os instrumentos apropriados para que deixem imediatamente de discutir e curem as feridas. Falo por experiência!

Não, uma pessoa não precisa se casar para ver os benefícios. O mesmo mecanismo, o mesmo procedimento se aplica com a mesma força em qualquer ambiente onde as pessoas mantêm relacionamento estreito. A prática budista tem trazido a profundidade e a vitalidade para o relacionamento com meus filhos e meus amigos, e tem transformado o modo em que me relaciono com qualquer pessoa que encontro no decorrer do dia, do jornaleiro aos colegas de trabalho.

Não fez com que desaparecessem os problemas que são inerentes nas nossas vidas. Nem tudo são flores numa vida voltada ao Budismo. Raiva, irritação, frustração, desilusão e dor continuam a fazer parte da mistura de emoções que vivemos diariamente, mas as vejo com outros olhos, mais claramente e não me deixo consumir. Sem dúvida o Budismo aumentou em grande escala a felicidade na minha vida, e na vida dos que estão ao meu redor. Por ser subjetiva é difícil definir a palavra felicidade. O que é a verdadeira felicidade? Compreender melhor o que a felicidade significa para nós por exemplo, a diferença entre um breve estado de exaltação e uma profunda sensação de bem estar mesmo em face de problemas, é sem dúvida importante no modo em que conduzimos a nossa vida. Em certo modo, este é o fio condutor desta obra.

CAPÍTULO DOIS

Uma Viagem Pessoal

Eu cresci em uma família cristã praticante e minha educação sempre foi caracterizada por um forte componente religioso. Pessoalmente, não ia muito à igreja fora das assembléias feitas com a escola, mas indubitavelmente quando escrevi "cristão" no formulário para requisição de passaporte, tinha um significado mais profundo para mim do que simplesmente ter sido batizado na igreja. Especialmente os valores religiosos de meu pai fortemente radicados, tiveram um efeito profundo e duradouro na minha vida. Não que me fizesse sermões, ao contrário, era um homem muito reservado e nós filhos assimilamos os seus valores através de um tipo de osmose. Se tentasse descrevê-lo em uma só palavra diria que era uma pessoa séria. Havia um senso preciso de si e transmitia segurança aos que estavam em torno.

Meus pais exerciam uma atividade ligada à criação de gado. Cresceram em uma pequena aldeia nas vizinhanças dos campos de trigo da Anglia Oriental, e sua juventude foi fortemente marcada pela mudança das estações, pelos relacionamentos íntimos e pela interdependência da vida na aldeia onde as pessoas frequentemente procuravam o apoio dos vizinhos. Esse senso de dependência recíproca nunca os abandonou nem mesmo quando se transferiram a Londres, por motivo de trabalho e para proporcionar uma melhor educação aos filhos. Tiveram uma vida difícil, privada de luxo e facilidades, mas jamais perderam o bom humor e a generosidade. Por mais que suas vidas fossem difíceis, na constante luta contra a pobreza, encontravam sempre tempo para ajudar os outros, tanto que pessoas completamente desconhecidas apreciavam a infindável generosidade de espírito de meu pai.

Quando penso no passado, lembro-me de poucas ocasiões em que tive conversas com meu pai sobre sua crença religiosa ou seus princípios, mas deixava sempre muito claro que devíamos tratar os outros com atenção. Meus irmãos seguiram sua crença cristã enquanto eu conservei somente seus princípios de generosidade e preocupação pelo bem estar dos outros ainda que sem visitas regulares à igreja.

O meu primeiro contato sério com o Budismo aconteceu muitos anos atrás quando trabalhava no Oriente Médio. Sempre tive um grande interesse pelas religiões sob o ponto de vista histórico e cultural, e passei uma considerável parte da minha vida em países estrangeiros com tradições religiosas complexas e fascinantes. Por exemplo, trabalhei em Israel e Líbano, no Oriente Médio, Oman e Arábia Saudita e ainda mais distante em Singapura, Hong Kong, China, Indonésia e Malásia. Durante aquele período quando trabalhava com grupos de pessoas muçulmanas, hindus e budistas, era muito importante para eu compreender as bases das suas crenças religiosas.

Naquela época, como hoje, os argumentos religiosos nesses países eram tratados a luz do dia e discutidos com frequência pelas ruas. As conversas nas cantinas ou durante o jantar tinham sempre um cunho religioso ou político. Assim, li e discuti muito sobre o Islamismo, Hinduísmo e Budismo, ao menos até sentir que tinha adquirido um conhecimento menos superficial sobre aquilo que acontecia a meu redor. Dediquei-me muito a estudar o malai e o árabe coloquial e com alguns limites conseguia manter conversação. O domínio da língua foi determinante para melhorar a qualidade das relações interpessoais, enquanto minha relação com aquelas religiões permaneceu um simples exercício intelectual. Hoje, vejo que mais que um interesse pessoal, era movido pelo desejo de compreender e relacionar-me com os outros a um nível mais profundo do que meras discussões sobre o trabalho. Via o quanto essas crenças religiosas influenciavam profundamente a vida dos meus colegas de trabalho, mas acabava ali. Nunca considerei que podiam ter alguma relevância para a minha vida interior ou podiam ser apropriadas ao estilo de vida ocidental do qual fazia parte. Era como ter na estante de livros um livro antigo sobre religiões comparadas. Era fascinante folheá-lo de vez em quando, e sabia bem em que página encontrar esse ou aquele argumento, mas uma vez retornado à estante não havia nenhum impacto na minha vida. Minha crença cristã ao contrário, era como um casaco velho um pouco desbotado e deformado, talvez um pouco desgastado nos cotovelos, mas era confortável e uma vez vestido nem notava tê-lo no corpo.

Porém, devo admitir que de todas as religiões que estudei, aquela que mais me fascinou foi o Budismo, principalemente por causa de seu infinito humanismo. Buda não é um deus, apesar das inúmeras estátuas de ouro figurando budas e bodhisattvas que decoram os templos do sudeste asiático. Todavia, a corrente budista chamada meridional é vinculada a códigos de conduta tão rígidos que os monges que se veêm vestidos em túnicas cor de laranja são os únicos capazes de praticá-la realmente. Na época acreditava que o Budismo fosse baseado em fugir dos desafios contínuos da vida cotidiana para refugiar-se em um tipo de isolamento interior. Textos budistas falam, por exemplo, da meditação em torno a uma chama protegida por um vidro, onde a chama representa a consciência espiritual de quem medita. Somente assim, bem protegida presumivelmente dos ventos que flagelam a realidade, a chama poderia brilhar com mais intensidade. Sem dúvida uma bela imagem, mas servia somente para enfatizar o que considerava ser a característica remota e fora da realidade que atribuía à prática budista. Ainda, os textos e comentários sobre o Budismo eram extremamente obscuros e abstratos. Seguramente o que aprendi não parecia relevante a mim, a minha vida cotidiana, e nem as minhas atuais ambições ou ao futuro que aspirava pra mim mesmo.

Vale à pena mencionar que a visão que formei do Budismo nos cinco anos em que vivi no sudeste da Ásia é bastante semelhante ao modo em que o mundo ocidental tem se relacionado com o Budismo por centenas de anos. Em geral podemos afirmar que foi exatamente esse budismo meridional ou Theravada responsável por influenciar a visão ocidental do Budismo deste então. Do ponto de vista histórico representa uma extraordinária coleção de filosofia humanitária, repleta de intuição reveladora sobre as energias que governam o comportamento humano, mas inacessível, acadêmico e obscuro ao extremo. Por esse motivo tem sido levado em consideração como objeto de estudos acadêmicos e de doutrinas e não como um manual para a vida cotidiana, especialmente na sociedade ocidental pós-industrial caracterizada pela alta competitividade. A imagem que prevalece é a dos monges que giram as gigantescas rodas de preces em algum monastério isolado nas montanhas, preocupados essencialmente em escapar da dimensão material da vida, refugiando-se em um mundo mais elevado ao invés de lidar com as banalidades do dia a dia.

Obviamente se trata de um estereótipo pouco exato que prevalece no ocidente, mas ainda que errônea e sendo um observador simpatético, era essa a imagem que fiz do Budismo baseado na minha experiência pessoal.

Há muitas formas de Budismo, assim como muitas formas de Cristianismo e essa pode ser de fato uma das causas pela imagem confusa que o Budismo apresenta no Ocidente. As diversas escolas têm doutrinas e formas de práticas diferentes, mas acredito que seja importante saber que todas as formas de Budismo derivam da mesma matriz original, os ensinamentos do Buda Sakyamuni, do qual contarei a história no próximo capítulo.

Encontrei o Budismo novamente, depois de muitos anos, em circunstâncias completamente diferentes. Estava morando e trabalhando na Inglaterra já há alguns anos e meu casamento tinha se desfeito de forma dolorosa depois de dezessete anos. O sofrimento era tanto que ameaçava a prejudicar meu total equilíbrio. Acreditara que meu matrimônio tinha sido perfeito, amava muito minha esposa e pensava que era correspondido. Tínhamos três filhos maravilhosos e julgava que fôssemos imensamente felizes. Provavelmente era um cego. Uma sexta-feira à noite, que está impressa na memória como se fosse ontem, minha esposa me informou que queria o divórcio para ir viver com outro homem e que queria levar consigo os nossos filhos. Caí em um tipo de inferno, ainda hoje essa lembrança tem a capacidade de me perturbar.

Não tenho uma lembrança clara do que aconteceu nos nove meses seguintes exceto o fato de que tinha muito medo. Acima de tudo tinha medo de perder os meus filhos, e sem perceber tive um exaurimento nervoso. Não era capaz nem mesmo de trabalhar, colocando em risco minha carreira de produtor e apresentador de televisão. Ainda podia escrever bem as palavras, mas não era possível apresentar-me em frente de uma câmera de forma convincente. Quando olhamos na lente objetiva de uma telecâmera, vê-se uma imagem minúscula de si mesmo e não podia mais olhar-me nos olhos, minha segurança e auto estima tinham sido seriamente danificadas.

Devo dizer que meu cristianismo casual me retribuiu com toda a indiferença a qual o tinha considerado por muitos anos. Era completamente inútil para mim numa hora de sofrimento, e era orgulhoso demais ou amedrontado demais para procurar ajuda profissional de alguma forma de tratamento terapeutico. Passava os momentos com dificuldade, um dia de cada vez, um passo de cada vez através do que na época, me parecia ser um imenso deserto cinzento. Não tinha interesse em nada que se assemelhasse a uma vida social, na realidade somente preocupação em não perder as crianças. Maridos divorciados não são bem sucedidos em batalhas de custódia, especialmente quando os filhos são pequenos como eram os meus e se os advogados, além de caríssimos são espertos em pintar os piores cenários. Somente graças à determinação de meus filhos de não perder nenhum dos pais e a sua enorme capacidade de compreender aquilo que estava acontecendo apesar da pouca idade, concordamos eventualmente em custódia conjunta. Lembro-me bem de ficar em pé diante de um tribunal repreendendo o comportamento de um juiz que parecia tratar o meu processo com simplicidade e o qual para mim, era na época um caso de vida ou morte, decidir com quem ficariam minhas crianças, com o pai ou com a mãe. Pode parecer exageradamente dramático, mas quando nos encontramos no estado de inferno, a vida parece preta ou branca, não existe meio termo.

Talvez seja oportuno dizer aqui antes de prosseguir, que um dos maiores benefícios que a prática budista me trouxe foi uma visão mais clara. É muito difícil assumir a responsabilidade pelas circunstâncias em que nos encontramos, e na época me considerava uma vítima. O divórcio foi decidido por minha esposa, seja qual fosse o motivo e sem nenhum aviso prévio para me impor, o que tornava a situação ainda mais dolorosa. Hoje, vejo claramente que uma ruptura assim tão violenta e destrutiva foi possível somente porque ambas as partes haviam contribuído, ainda que involuntariamente.

Por volta de um ano mais tarde encontrei algum tipo de equilíbrio novamente. Sinceramente ainda estava muito deprimido, e não tinha autoconfiança, mas era ao menos, capaz de agir. Concentrei-me nos meus filhos, aprendi a cozinhar alguns pratos para poder preparar-lhes o jantar. Por mais que possa parecer estranho, essa pequena ação, aparentemente irrelevante, aumentou a minha confiança pessoal, o que era um sinal positivo, estava fazendo alguma coisa. Quem tinha necessidade de uma carreira em televisão se fosse capaz de criar bem três crianças. Hoje meus filhos riem e com frequência lembrando-se do quanto eram ruins as refeições que preparava, mas na época tinham uma grande consciência do papel que exerciam na minha vida e comiam tudo sem a mínima reclamação. Funcionou, pois me sentia útil.

Algumas vezes, uma mulher chamada Sarah tomava parte daquelas refeições e pode lembrar-se também sem esforço, o quanto eram horrendas ainda que encontrasse sempre um modo de elogiar-me. Não estava de forma alguma interessado em ter um relacionamento, mas Sarah era jovem, evasiva, ferozmente argumentativa, e ao que tudo indicava decidida a tirar-me do meu desespero a todo custo, mesmo que nosso relacionamento não sobrevivesse esse tipo de terapia. Brigávamos e discutíamos dia após dia e estranhamente muitas de nossas discussões eram sobre o Budismo.

Sarah levava sua prática budista sempre com mais seriedade. Na época parecia-me como uma pequena nuvem no meu horizonte, tão pequena que não merecia nenhuma consideração. Uma cara amiga de Sarah e seu companheiro que praticavam já há algum tempo, convidaram-na para um par de reuniões. Do meu ponto de vista muito marginal, a simples estrutura da prática parecia bastante inofensiva, frequentar reuniões de discussão em pequenos grupos uma ou duas vezes por mês, mais a prática diária que consistia em recitar ritmicamente uma frase incompreensível por alguns minutos ao menos duas vezes ao dia, de manhã e à noite. Parecia-me incompreensível que se sujeitando a esse processo fosse possível aquilo que Sarah desejava, ou seja, um sentido e uma direção na vida e a capacidade de enfrentar as provas e problemas que se apresentavam a sua frente com maior confiança em si mesma.

A minha presença na sua vida deve ter sido uma daquelas provas. De qualquer forma tinha encontrado um modo de recomeçar minha carreira na televisão e havia novamente demanda para meu trabalho. Mas, havia ainda muito ódio dentro de mim, pronto a se manifestar e raramente o escondia, sempre pronto a confrontar quem cruzasse o meu caminho. Suponho que estava tentando iludir-me de que tinha reencontrado a confiança em mim mesmo. Não era verdade. Todo dia diante da tele câmera imaginava uma batalha interior contra os demônios que me diziam que não seria capaz de superar. Estou certo de que muitos dos meus colegas da BBC lembram-se daqueles dias de trabalho comigo como um inferno. "Pelo amor de Deus, vamos terminar logo antes que ele exploda novamente.", foi o que ouvi sem querer em mais de uma ocasião. Lembro-me que mais do que qualquer coisa, me dedicava a oferecer uma vida plena a meus filhos, como se pudesse com meu único esforço manter-lhes longe dos problemas que tinham se abatido sobre nossa família.

Seguramente não sentia nenhuma necessidade de dar espaço para o Budismo na minha vida. Não tinha lugar suficiente porque era sempre muito ocupado e minhas primeiras experiências com o Budismo não encorajavam uma reação favorável. Nunca poderia imaginar que uma filosofia inacessível e abstrata, originada numa época e num lugar completamente diverso do meu, pudesse ajudar-me a resolver aqueles pequenos problemas cotidianos. Estava preparado a aceitar que a ideia que propunham era interessante, e estava disposto a discuti-la durante um jantar, mas simplesmente não fazia sentido para mim que recitar uma frase estranha, mesmo que pudesse encontrar tempo para tal atividade aparentemente inútil, pudesse ajudar-me a superar o rancor que carregava dentro de mim e os problemas complicados que vinham de fora, ou seja, estar diante da tele câmera e contemporaneamente com os meus filhos.

Foi um período estranho e turbulento, uma mistura confusa de felicidade e explosões de ira. Tinha chegado à conclusão que queria Sarah na minha vida, e meus filhos também a queriam, mas não queria o Budismo o qual ela apreciava tanto. Encarava o Budismo como uma constante influência, uma intrusão, algo que se colocava entre nós. Fiz de tudo para dissuadi-la abandonar a sua prática, às vezes surpreendendo a mim mesmo. Discutíamos todo dia a esse propósito. Tentei tudo, da razão ao ridículo para convencê-la. Houve muitas lágrimas, algumas coisas quebradas para não mencionar os painéis de várias portas fora de lugar por terem sido batidas com tanta força. Chegamos bem perto de uma separação. Passava a noite acordado remoendo o problema. Qual seria o próximo passo? Tive o que na época me pareceu um momento de inspiração. Estava atacando o problema de forma completamente errada porque o agredia de fora tornando mais forte a resolução de Sarah. Devia enfrentar o problema *de dentro* por assim dizer. Deveria estudar o Budismo a fundo em modo de colocar-me não na posição de modo algum como agressor, mas de usar o raciocínio explicando com calma e razão porque era inapropriado à vida que se conduz no século XX na Europa.

Se estivéssemos jogando xadrez isso seria o que pode ser chamado de jogada intelectual. Dediquei bastante tempo ao estudo do Budismo de Nitiren Daishonin, tipo de Budismo que Sarah estava praticando. Li todos os livros disponíneis da sua estante sem que ela soubesse e quase tudo que estava indicado nas bibliografias.

O fato é que me diverti muito durante esse processo de aprendizado. Embora tivesse uma reputação televisiva que me etiquetava como um homem de ação, na realidade sou uma pessoa estudiosa por natureza, e a filosofia Budista é fascinante porque fala de nós, das pessoas, de como funcionamos e como nos relacionamos com os outros. Em certo senso o estudo transformou-se numa finalidade por si só. Lia em todos os lugares, trens, taxis, ônibus, aviões e mesmo nas pausas entre uma gravação e outra, por horas e horas. A filosofia Budista foi definida como uma das maiores criações da mente humana, todavia tendo sido desenvolvida em uma miríade de direções, não me surpreendo com o fato que a julgasse confusa e contraditória. O Sutra de Lótus é considerado ao lado da Bíblia e do Corán como um dos maiores textos religiosos na história da humanidade, mas não é indicado às pessoas indecisas, não revela sua sabedoria a qualquer um e muito menos a um principiante. O Sutra de Lótus é livro belíssimo cheio de imagens poéticas, mas é também repleto de uma linguagem obscura com eventos místicos estranhos e personagens insólitos.

Portanto, não sou seguro da validade deste percurso intelectual, mas quase sem perceber, havia iniciado um percurso espiritual. As discussões não cessaram, ao contrário, eram mais frequentes porque agora eu sabia mais sobre o assunto e havia mais recursos para debater. Mas desta vez não eram ditadas pela raiva e nem destrutivas como no início. Comecei a perceber que o tom da discussão havia se transformado. Minha intenção inicial de conhecer melhor o Budismo, somente para poder desmoronar as convicções da minha companheira, tinha se transformado em um trajeto exploratório. Sarah praticava com mais intensidade ainda e quase sem me dar conta do processo de cura, comportava-me de forma mais "normal". Improvisadamente retornei a frequentar teatros, concertos e exposições e a apreciar o fato de estar vivo.

Este estudo durou cerca de dois anos e ao final decidi praticar o Budismo. Minha decisão pode parecer estranha vista de fora e até inexplicável, o que mais me surpreendeu é que não me parecia uma mudança assim tão radical e sim um acontecimento com certa inevitabilidade. Não me pediram para fazer um grande salto em direção ao desconhecido. Quando penso naqueles tempos não me lembro ter feito nenhum grande esforço interior. Era como se tivesse compreendido gradualmente. Isto não quer dizer que o ceticismo tinha se dissipado completamente, com certeza não. Ceticismo é um guerreiro forte e engenhoso, não desiste facilmente e está habituado a resistir até o fim.

Ainda tinha fortes impressões negativas e muitas dúvidas sobre alguns dos elementos básicos da prática, por exemplo como o processo da recitação repetitiva e a recitação diária de alguns capítulos do Sutra de Lótus. A recitação repetitiva é prática insólita no Ocidente, enquanto meditação é de moda e praticada por artistas de cinema. Mas minhas reservas não eram devidas somente a isso. Em geral considera-se a recitação como insensata porque é como colocar o cérebro, naturalmente irrequieto, em um estado neutro, o que é visto com grande suspeita em um mundo dominado pelo poder do intelecto. De certo modo este é um dos propósitos da recitação. O seu papel, se posso assim dizer, é o de libertar-nos, mesmo que por pouco tempo, da predominância do processo intelectual em si para permitir que outros níveis de consciência, outros elementos de nossos recursos interiores venham à tona. Por meses olhava o relógio impacientemente, enquanto recitava, esperando que os minutos passassem rapidamente. Cumpria com o ritual cotidiano da prática quase com um senso de dever, mesmo não sabendo a quem ou a que coisa sentir-se obrigado. Muito tempo passou antes que eu pudesse descontrair e deixar-me levar pelo som. Ainda assim, raramente recitava quando tínhamos hóspedes ou se éramos nós os hóspedes. Evitava falar sobre minha prática no estúdio ou quando fazíamos filmagens externas. Era fato que não compartilhava com os outros. Podemos dizer que eu era um budista não assumido, e não estava pronto a tornar pública a minha decisão porque não sabia para onde o Budismo me levaria, e ninguém quer parecer estranho perante os amigos.

Além disso, havia as reuniões mensais que considerava uma espécie de tortura. Os budistas que vivem no mesmo bairro encontram-se na casa de um deles para discutir um tema do cotidiano sob a perspectiva do Budismo. Para começar, não queria fazer parte de um grupo. Estamos sempre tão preocupados nos dias de hoje a preservar nossa individualidade, que encontramos obstáculos onde não existem. Ao menos essa era a minha impressão dessas reuniões que me pareciam totalmente inúteis, desorganizadas, dispersivas e terminavam quase sem nenhuma conclusão significativa. Algum tempo passou antes que eu pudesse diminuir o passo e dominar a falta de paciência para vivenciar essas reuniões pelo que elas representavam.

Uma vez colocado o ego de lado, ficou claro que essas reuniões realmente proporcionavam valiosa ocasião. Era possível para qualquer indivíduo, independentemente de sua posição econômica e social ou de seu estilo de vida, de compartilhar suas experiências cotidianas, seja de alegria ou sofrimento em ambiente altamente tolerante e livre de julgamento. Esta era a grande qualidade dessas reuniões e sua estrutura perfeitamente apropriada para seu objetivo.

Permitiam a expressão da individualidade de cada um sem ameaças. Algumas pessoas que tinham dificuldade de falar em público, aprendiam a fazê-lo e com certa desenvoltura. Observava as pessoas que aprendiam a analisar as próprias experiências para poder compartilhá-las com os outros e desenvolver a coragem para aceitar as diversas perspectivas que fossem sugeridas. Não é fácil falar em público de coisas pessoais, assim como não é fácil participar construtivamente em discussões sobre os problemas dos outros. Ambas são habilidades que devemos aprender, e essas reuniões representavam um fórum onde cada pessoa podia se submeter a esse processo de aprendizado sem pressão. Com o passar do tempo, novos membros uniam-se ao grupo onde cada um iniciava seu processo de crescimento de uma forma notável. Essencialmente, essas reuniões proporcionavam a oportunidade para que as pessoas aprendessem juntas como colocar em prática o Budismo na vida cotidiana. Haviam iniciado uma viagem e suas vidas iam se modificando.

Essa é em síntese a minha experiência pessoal. Devo admitir que, no primeiro ano a prática era como uma luta. Continuava mais por uma questão de compromisso comigo mesmo, porque do meu ponto de vista, não via uma mudança significativa em nenhuma área da minha vida. Isso se dá ao fato de que é impossível medir a transformação diária de certas situações. Observando uma árvore, por exemplo, não percebemos nenhum crescimento de um dia para o outro, mas quando olhamos passado algum tempo, o crescimento é óbvio. Mas, por que eu continuei? Quando reflito hoje, acredito que simplesmente não iria desistir tão facilmente enquanto não me certificasse de uma forma ou de outra sobre a validade desta prática na minha vida cotidiana.

Se é que estava procurando algo, certamente era isso e não uma grandiosa e extraordinária visão filosófica da vida que o Budismo pudesse revelar. Não digo que essa visão não exista, mas o fato é que raramente vivemos as nossas vidas baseando-se em uma visão de grande escala. Vivemos o momento, um de cada vez, seja de felicidade ou de preocupação. E mesmo que fosse fácil para os budistas me dizerem, e o diziam repetidamente: "O Budismo é vida cotidiana." Perguntava-me sempre: Funcionava realmente no infindável dia a dia da vida, incompreensível, caleidoscópico fluxo de afazeres, acontecimentos e lutas que enfrentamos na sociedade moderna? O Budismo poderia mudar o modo de encarar os fatos da vida e de reagir a eles? Realmente queria que fosse assim. Minha preocupação era que não fosse capaz de manter a minha determinação.

Havia também uma segunda razão mais íntima. Sentia que talvez pela primeira vez na minha vida estivesse em contato com algo que podia fazer emergir o meu eu verdadeiro. Pode parecer afirmação obscura, mas o fato é que como a maioria das pessoas, havia erguido muro de proteção para manter absoluta privacidade a qual pensava ser a minha vida interior. Ainda que tivesse uma vida emocional bastante intensa, era reservado quanto aos meus sentimentos mais profundos. Passara a vida atrás desse muro, preocupado com o que as pessoas pensavam de mim e era hábil em deixar transparecer somente o que acreditava apropriado a esse ou àquele público.

Ou a menos pensava que era assim, mas sem dúvida somos todos habilitados de certa forma a ver o que está do lado de lá do muro. De qualquer modo, estou certo que muitas pessoas, talvez mais homens que mulheres, passam a maior parte da vida cercados por esse tipo de barreira defensiva. O William verdadeiro não se mostrava com frequência a todos e para ser honesto, isso valia também para minha família, para meus irmãos e irmãs. Somente meus filhos e Sarah participavam da minha vida mais íntima.

Com a prática budista, experimentei uma nova sensação de liberdade e esperança. Sentia que podia expor o meu verdadeiro eu, sem me importar com o que os outros pensavam com tanto que fosse sincero comigo mesmo, uma sensação maravilhosa. Esse senso de liberdade emergente era muito importante para mim. Era a base para construir bem estar autêntico. O que parecia não ter tido nenhuma mudança, na realidade sofreu transformação imensa. A árvore floresceu. Desfrutava a vida e gostava de socializar com as pessoas. Não é que algo tinha mudado na natureza essencial da vida. Como poderia? A inevitável essência da vida humana consiste em uma sequência de provas de vários tipos. As dificuldades e os problemas não haviam desaparecido e ao contrário tinham aumentado. Minha família ainda sentia os tremores com a consequência de um doloroso divórcio, somados a dificuldades financeiras causadas pelo andamento da minha carreira entre outras coisas. Apesar dos problemas que enfrentava dia após dia, não me sentia exaurido ou sobrecarregado. O pânico havia desaparecido, assim como a contínua preocupação e foram substituídos por um crescente senso de equilíbrio que provinha ao menos em parte, da minha prática budista diária. Tinha grande sensação de estar saindo de um buraco profundo.

CAPÍTULO TRÊS

De Onde Veio?

É um fato extraordinário que nos últimos quarenta anos, na Europa e Estados Unidos, milhões de pessoas que cresceram e viveram em uma cultura essencialmente judaico-cristã, tenham adotado série de práticas e credos provenientes de cultura completamente diversa e podemos até dizer estranha. É difícil encontrar um paralelo histórico para esse tipo de movimento espontâneo em tamanha escala.

Acredito que podemos afirmar que o Império Romano foi responsável pelo fato de a Europa ser em grande parte cristã. Jesus e São Paulo, seus principais missionários, viveram em um período em que o Império Romano se estendia por toda a Europa Ocidental. O Império deu ao Cristianismo um ponto de referência, Roma; e uma infra-estrutura altamente desenvolvida capaz de levar o Cristianismo aos cantos mais remotos. Esse fato determinou o destino da Europa para seus próximos dois mil anos. A Europa foi dominada pela igreja cristã e o Cristianismo foi levado pelos exploradores e comerciantes espanhóis, portugueses e ingleses onde quer que fossem. A religião foi propagada através da espada e dos fervorosos missionários. O resultado é que todo o novo mundo e as regiões do velho continente onde os colonizadores europeus se estabeleceram formaram o mundo judaico-cristão.

O Budismo originado no nordeste da Índia no século V antes de Cristo, expandiu em direção ao Oriente, ao sudeste, até a atual Sri Lanka, Tailândia e Vietnam e ao nordeste através do Tibet., China, Coréia e Japão.

Somente há pouco tempo e pela primeira vez em dois mil e quinhentos anos de história, o Budismo vem se propagando em direção ao Ocidente, vindo do Japão e Ásia para a Europa e as Américas, mas essa propagação não tem sido feita por missionários e sim por indivíduos, de pessoa a pessoa.

Certamente nunca em sua história, o Budismo se expandiu tão rapidamente e em grande escala em termos de área geográfica e nunca mais do que hoje, na história religiosa do Ocidente, indivíduos procuraram no Budismo as respostas para suas questões sobre a vida, o Universo e tudo mais. Não existe uma resposta simples para explicar esse processo. As pessoas que adotaram a prática budista vêm de vários setores da sociedade, várias tradições culturais, todos os tipos de profissão; açougueiros, banqueiros, advogados, motoristas e escritores. Pessoas comuns que vivem num mundo real trabalham, se apaixonam, criam seus filhos, cuidam dos idosos, preocupam-se com o financiamento da casa ou o pagamento dos impostos ou em alcançar aquela promoção tão almejada, e escolhem lidar com tudo dentro dos princípios do Budismo. É por si só uma notável revolução.

O que é ainda mais extraordinário, é que numa época marcada pelo materialismo galopante e um cinismo generalizado unida à queda da prática cristã ativa, a prática budista não é fácil. Ao contrário é exigente, pede constante dedicação e esforço porque se está adquirindo nova habilidade e fundamentalmente um novo modo de pensar sobre si mesmo, e como resolver os problemas que nos aflige no dia a dia de forma mais eficaz.

Observação extremamente interessante foi feita por figura religiosa, um Bispo cristão como parte de um debate sobre a posição da Igreja na sociedade de hoje. Ele observou que tradicionalmente no Ocidente, as pessoas preferem exercem suas práticas espirituais dentro de um ambiente religioso estruturado, mas que nos últimos anos este comportamento tem se transformado e muitos, hoje, procuram experiências espirituais sem a presença de "restrições", associadas às religiões formais. Essas pessoas buscam um senso de libertação que vem das experiências espirituais diretas, da própria pessoa e livre das formalidades que fazem parte de tantas igrejas. Essa observação representa verdadeira intuição e oferece explicação ainda que parcial, do fato que o Budismo tenha se expandido assim tão rapidamente no Ocidente, porque responde à necessidade atual de milhões de pessoas no mundo que escolheram basear a própria vida nesta crença. É um ensinamento que oferece visão abrangente do funcionamento do mundo, mas sem dogmas ou normas e que dá grande ênfase à responsabilidade individual seja quanto à prática ou a ação.

O Buda Sakyamuni

Todos os ensinamentos budistas derivam essencialmente da experiência de vida de Sakyamuni, que representa a raiz de onde cresceu esta árvore imensa. Seus ensinamentos mudaram o rumo da história mundial, mas tendo vivido tanto tempo atrás quando nada era escrito, muitas coisas continuam incompreensíveis e às vezes é difícil distinguir entre um fato histórico e um mito, lenda que floresceu em torno a uma vida tão intensa.

Sakyamuni nunca reinvidicou uma conexão divina. Havia os pés firmes neste mundo. Era filho do rei da tribo ou clã dos Shakya de onde veio o nome Sakyamuni, "o sábio dos Sakya", o qual pequeno reino, semi-autônomo se encontrava na atual fronteira com o Nepal. Segundo as pesquisas mais recentes, Sakyamuni nasceu entre o século V e VI antes de Cristo. A data precisa pode não ser importante, mas o período histórico sim, porque no passar de pouco mais de cem anos, inúmeros grandes filósofos criaram uma onda extraordinária de ideias revolucionárias sobre a natureza da vida humana, de Sócrates na Grécia a Isaías na Palestina, Confúcio na China e Sakyamuni no norte da Índia.

Esse período de imenso fomento intelectual é considerado como o nascer da nossa civilização espiritual; breve período que gerou todas as ideias que praticamente direcionaram a história da espiritualidade do homem até o início da era da ciência e tecnologia nos fins do século XIX.

Sakyamuni como primogênito teria sido educado para tomar o lugar de seu pai, e a posse do reino em algum momento, parece ter vivido em reclusão dentro do palácio, tendo pouco contato com o Mundo da pobreza e das dificuldades dos súditos a seu redor. Com exceção dessa particularidade, parece ter tido vida normal. Sakyamuni casou-se com 16 anos e teve um filho que anos mais tarde tornou-se um de seus discípulos mais importantes. Mas Sakyamuni não era certamente um homem comum. Inesperadamente, quando tinha pouco menos de trinta anos, de acordo com a versão mais tradicional, Sakyamuni decidiu abandonar a vida que lhe tinha sido estabelecida e deixar a casa de seu pai e sua família. Desde então se dedicou a vida religiosa e a busca da verdade. Essa decisão, feita por um homem de uma pequela cidade no norte da Índia, afetou profundamente a vida milhões de pessoas no passar dos séculos.

O que fez com que Sakyamuni tomasse uma decisão assim tão radical? Ainda que rara, não era uma coisa totalmente incomum na época. Parece que os primogênitos das famílias previlegiadas do norte da Índia podiam decidir-se de procurar a estrada da verdade, da iluminação, ao invés de seguir a atividade dos pais seja na política ou no comércio. No caso de Sakyamuni, a tradição indica motivação precisa. Quando se conscientizou do enorme sofrimento e das dificuldades que o povo enfrentava fora dos muros do palácio, não pode ignorar devido a sua realidade esmagadora. Foi então forçado a agir, a fazer algo para salvar a humanidade podemos assim dizer. Em pouco tempo decidiu renunciar a tudo o que possuía. Deixou sua família e partiu a procura de um modo para enfrentar e superar o sofrimento inerente a vida humana.

A estória de como Sakyamuni tomou consciência do enorme sofrimento humano, é narrado em forma de mito ou lenda e representa papel tão importante nos ensinamentos budistas, que vale a pena mencioná-los aqui. É conhecido como os quatro encontros ou os quatro sofrimentos.

Diz-se que Sakyamuni saiu dos portões do palácio situado na pequena cidade de Kapilavastu em quatro ocasiões diversas. Saindo do portão ao leste, encontrou um homem idoso que andava mancando com as costas curvas deformadas pela idade avançada. Saindo pelo portão ao sul, encontrou alguém que estava muito doente. Do portão a oeste ele viu um funeral e ao norte deparou-se com o que era um fenômeno comum naquela época – um religioso ascético que procurava resolver o enigma da existência humana através da extrema depravação física.

Na realidade, não podemos saber se é um mito, uma lenda ou um conto baseado em fatos. Certamente os acontecimentos nunca se desenrolam de forma tão linear na vida real. Entretanto, essa história inesquecível, sem dúvida, serve para melhor focalizar a atenção no núcleo do tema. O ponto de partida fundamental do início da história da religião Budista é o mistério ou o dilema do sofrimento humano. Os problemas do envelhecimento, da doença e da morte juntamente com o do nascimento ou ao simples fato de viver, representam de modo claro e suscinto a questão fundamental da existência humana. O que é a vida? De onde vem o sofrimento? Como podemos enfrentá-lo?

Essas são questões que ainda hoje representam um desafio. Podemos optar em ignorá-las ou em não reconhecê-las abertamente, especialmente se somos ainda jovens, mas como Joe nos faz recordar, não importa em que fase da vida nos encontremos, não podemos escapar: "O homem nasceu para sofrer como a faísca para voar alto". Podemos argumentar que foi o homem a inventar a religião como um reflexo de si próprio por assim dizer, para lidar com o eterno problema da dor e do sofrimento nessa vida.

Vale ainda saber um pouco sobre o ambiente no qual Sakyamuni viveu procurando as respostas para a condição humana. Sakyamuni nasceu e foi criado em uma sociedade tradicionalmente dominada pela classe dos monges de Brahma que exercitavam autoridade quase que divina, como representantes na terra de um panteão de divindades poderosas que regulamentavam todos os aspectos da vida humana. Evitar a ira das divindades era problema cotidiano para todos independentemente de classe social.

Sakyamuni provavelmente tinha consciência dos fortes e novos pensamentos que emergiam no mundo, e que começavam a quebrar os padrões da velha sociedade tribal baseada na autoridade religiosa dos Brahmas. Houve grande aumento no comércio e negócios no norte da Índia, resultando no aparecimento de nova classe de comerciantes ricos e influentes e no crescimento de aldeias e cidades. Muitas pessoas abandonaram as comunidades rurais e se transferiram para as cidades mais ricas, onde os laços familiares e tribais eram menos fortes. Era o início de sociedade urbana desconexa e sem raízes. Sobretudo, vinha desafiada abertamente a autoridade intelectual e religiosa dos Brahmas, que por séculos sustentaram a estrutura social. As pessoas comuns procuravam maior liberdade.

Sakyamuni passou muitos anos no que podemos chamar de seu deserto pessoal, seguindo em sua viagem interior e passando por seu processo de evolução espiritual e desenvolvimento. Contemporaneamente, explorou o que na época era considerado e de certo modo ainda o é, os caminhos mais bem sucedidos em direção à iluminação, ou seja, uma profunda compreensão da vida.

Não acredito que isso nos deva surpreender de algum modo. Mesmo os maiores revolucionários, eram até certo ponto prisioneiros de seu tempo e os percursos tradicionais para a aquisição do autoconhecimento eram na época a meditação e o ascetismo. Assim, Sakyamuni estudou com dois dos mais respeitados professores de meditação yoga, até que ele mesmo alcançasse o mesmo nível de conhecimento e capacidade de concentração – *"o lugar onde nada existe"*, como tem sido descrito. Segundo os textos budistas que narram essa parte da sua vida, Sakyamuni se afastou dessa prática percebendo que se levada ao extremo conduzia a um senso de vazio. Tinham pouco a oferecer às pessoas normais que tentavam sobreviver em um mundo difícil e exigente. De certo modo tinham se tranformado em um beco sem saída, não conduziam a uma melhor forma de vida, mas simplesmente ao *"lugar onde nada existe"*.

Desiludido das práticas mais avançadas da yoga, Sakyamuni dedicou-se à prática de um asceticismo rígido, ou "austeridade" como eram chamadas, incluindo o jejum e a suspensão da respiração por longo tempo chegando quase a morte. O princípio que fundamentava essa prática era que se o corpo causa peso ao espírito e impede o progresso da mente em direção à iluminação espiritual, então é necessário interromper de qualuqer modo a ligação entre o corpo e o espírito. Essa não é uma forma de pensamento peculiar ao bramanismo antigo que ainda existe nos dias de hoje, mesmo que de modo diferente. Certamente muitas pessoas reconhecerão elemento desse tipo de dualismo, o conflito entre o corpo e a mente, em algumas formas do Cristianismo Moderno.

Sakyamuni evidentemente acreditava que para compreender o significado da liberdade espiritual, deveria provar a dor e a angústia do sofrimento profundo. Experimentou essas formas de extrema privação do eu, até os limites antes de refutar tais práticas como um meio válido, para encontrar o caminho da liberação do espírito. Conscientizou-se de que essas práticas punitivas serviam somente para destruir seu corpo e o estavam limitando ao invés de aumentando sua capacidade de refletir e agir de modo positivo, assim abandonou definitivamente essas práticas e dedicou-se a cura do próprio corpo debilitado e à meditação.

A Iluminação de Sakyamuni

O que aconteceu com Sakyamuni embaixo da árvore Bodhi, perto da aldeia de Buddhagaya, durante seu longo período de meditação, é difícil de compreender e ainda mais difícil descrever de forma que seja completamente acessível ao moderno pesquisador. Não podemos compreender, assim como não compreendemos o que realmente aconteceu com Saulo, perseguidor de cristãos, na estrada para Damasco que o transformou em São Paulo, um dos maiores missionários e arquitetos da igreja cristã. Esses momentos de grande revelação ou iluminação na vida de alguns indivíduos podem modificar a inteira história da Humanidade, e são, por definição, extremamente raros e profundamente místicos no verdadeiro sentido da palavra. Vão além da compreensão racional.

De certo modo, o conceito de um estado do ser ou melhor, estado mental, definido como "iluminação", é por si só estranho, para não dizer alienado. É palavra que provavelmente não usamos com frequência, se a eventualmente usamos. Em Era caracterizada pelo Racionalismo e Materialismo, estamos muito mais em sintonia e nos sentimos muito mais confortáveis com explicações baseadas em fatos concretos e demonstrações Científicas do que com experiências Místicas. Mas, obviamente sabemos que existe mais na nossa humanidade do que possa ser observado em um laboratório. Acredito que devemos aceitar que ao usar uma palavra não comum como "iluminação", procura-se definir algo que é difícil definir, mas que constitui sem dúvida, uma parte importante da experiência humana.

Sakyamuni, como Jesus muitos anos mais tarde, pregou oralmente sem deixar nada por escrito. Somente muitos anos depois de sua morte seus seguidores se reuniram para registrar seus milhares de ensinamentos. No livro *The Living Buddha* de Daisaku Ikeda, explica que nas primeiras escrituras budistas a iluminação de Sakyamuni é descrita como *"Estado de perfeita e instrasponível Sabedoria"*.

Mas, o que isso significa para nós? Foram feitas várias tentativas para trazer as implicações desta experiência mais próxima de nós, as quais formam os pilares do Budismo, ideias que se encontram na base da estrutura: a profunda interconectividade entre todas as coisas no Universo, da poeira entre os dedos de nossos pés às Galáxias nos limites do espaço, e a compreensão de que a mudança, impermanência ou entropia talvez, para usar termo mais científico, é a verdadeira natureza de todas as coisas. Nada permanece igual em cada momento que se passa. Tudo o que é ou era, passa em continuação pelo infinito ciclo de nascimento, crescimento, declínio e morte.

Ser, crescer, enfraquecer, morrer.
Formação, continuação, declínio, desintegração.

A única variável é a duração do ciclo que oscila dos poucos milésimos de segundo das partículas atômicas à duração da vida de um ser humano ou uma árvore, ou uma montanha e assim por diante até os milhões de anos que constituem o ciclo de vida de uma estrela, desde sua formação ao seu declínio e morte. Tudo nasce, cresce, envelhece e morre.

Ainda, paradoxalmente, na base desse contínuo ciclo de mudanças, há um fator constante, o ritmo por si só, que sustem a repetição infinita dos ciclos desde o nascimento até morte e que o Budismo de Nitiren chama de Lei Universal ou Lei Mística. Mais uma vez a palavra Mística, ou seja, além da compreensão do intelecto.

Qualquer fosse a precisa natureza da verdade percebida por Sakyamuni, quaisquer os elementos da história que possamos achar difícil de acreditar ou compreender, o fator essencial é que a enorme intensidade dessa experiência acendeu chama em Sakyamuni que nunca se extinguiu, lançando-o em uma vida repleta de empenhos dos quais ele nunca se retirou, nem mesmo no momento da sua morte. Exatamente como São Paulo, depois de sua experiência na estrada para Damasco, Sakyamuni não foi mais capaz de separar sua vida comum de mortal dos ensinamentos da verdade que havia concebido. Verdade da qual falou literalmente até seu último respiro. Hoje vivemos em um Mundo diferente graças à experiência de Sakyamuni em Buddhagaya, e a chama que nele se acendeu e nunca se extinguiu chegando até nós, apesar da enorme lacuna de tempo que nos separa daquele evento. Estou escrevendo essas palavras por causa daquela experiência e Sebastian, meu filho mais jovem, dedica-se à prática budista antes de ir à escola todas as manhãs por causa daquela experiência.

Aquela experiência instigou em Sakyamuni onda tão potente de prazer e compaixão por toda a humanidade que novamente, como São Paulo, nunca o abandonou. Nunca se cansou de procurar novos meios para transmitir a essência do que tinha aprendido em termos práticos que fizessem uma diferença concreta na vida das pessoas comuns. A mensagem fundamental de seus ensinamentos sustentava que a sabedoria e a intuição obtidas, ainda que claramente místicas, não tinham nenhuma relação com o Divino ou eram alheias a vida dos seres humanos mortais. Como poderia sendo que ele próprio não era nada mais nada menos que um ser mortal. Representavam somente o ponto mais alto que a mente humana pudesse atingir.

Quando li suas palavras, devo admitir ter formado em minha mente imagem muito semelhante a Gandhi. Como Gandhi, também Sakyamuni deve ter sido um homem com grande carisma e um professor de imensa autoridade. Nunca explicou sobre a iluminação, tanto quanto explicou sobre a cura e a esperança, como lidar com as dificuldades do dia a dia, como lidar com a doença e o desespero ou ódio e alienação. Pregou sempre a nível que pudesse ser compreendido pelos que o ouviam, já que seus ensinamentos eram radicais ao extremo quando comparados com os fundamentos do Bramanismo radicado há séculos.

No decorrer do longo período em que propagou seus ensinamentos, continuou a desenvolver e aprofundar-se em sua grande filosofia humanística, conquistando milhões de seguidores de todas as classes sociais, dos mendigos aos comerciantes, dos artesãos aos reis. Antes de sua morte, previu que seus ensinamentos seriam amplamente difundidos e exerceriam grande influência por centenas de anos, e que a certo ponto, em período de grande confusão e conflito, chamado "Último dia da lei", perderia sua eficácia em ajudar aos mortais comuns. Mas previu também, que uma nova doutrina apareceria, uma doutrina esta baseada nos seus últimos ensinamentos: o Sutra de Lótus.

A Difusão Inicial do Budismo

Oferecendo à vida um enfoque radicalmente novo e colocando a esperança e o otimismo à disposição de todos, os ensinamentos de Sakyamuni se propagaram rapidamente depois de sua morte como um incêndio em todo o sudeste da Ásia, e como qualquer outro sistema filosófico, transformou-se em objeto de interpretação e práticas diversas. Logo ao início da história do Budismo, nasceram duas grandes correntes. Uma difundiu-se em direção ao Sri Lanka, a Tailândia e o sudeste Asiático, baseada principalmente nos primeiros ensinamentos que Sakyamuni havia definido como "provisórios", sublinhando assim seu propósito explícito de acompanhar o indivíduo no seu percurso espiritual, amadurecendo e aprofundando gradualmente sua capacidade de compreensão.

Essa corrente é chamada Budismo Theravada ou Hinayana – Theravada significa "Ensinamento dos idosos", e há marcante tendência monástica com códigos muito detalhados de obediência, muitas vezes tão minuciosos que somente quem está pronto a adotar uma vida monástica é capaz de segui-lo ao pé da letra. É notório pelos templos no sudeste da Ásia ricamente decorados, em muitos casos com grandes estátuas douradas do Buda. Em *The Buddha in the daily life*, Richard Causton descreveu o Budismo Hinayana ou Theravada da seguinte forma: *"Essa é provavelmente a forma de Budismo mais conhecida no mundo ocidental, criando para alguns a impressão de que o Budismo compreende a adoração de ídolos. Ainda, já que a aplicação do Budismo Hinayana na vida cotidiana é limitada, hoje seu fascínio existe como objeto de estudo acadêmico. Isso naturalmente tende a enfatizar a ideia... que o Budismo ocupa-se primordialmente de uma intelectualidade abstrata como meio de fuga do lado material da vida em direção a uma 'realidade maior' através de várias formas de disciplina física e mental."*

A outra corrente do Budismo expandiu-se em direção ao Tibete e China em torno do início da Era Cristã, e eventualmente chegou à Coréia e Japão. Essa corrente, chamada Mahayana, dá grande ênfase em trazer os ensinamentos budistas para a vida dos seres comuns que vivem no mundo secular. A palavra Mahayana se traduz como "Grande Veículo", deixando claro que seu propósito é o de conduzir a todos em direção a um estado vital mais elevado.

O ponto chave a ser ressaltado é que o texto principal do Budismo Mahayana é o Sutra de Lótus. Sutra significa ensinamento, enquanto lótus, do título, é visto como uma metáfora eficaz para vários argumentos. Um dos mais importantes é que sendo uma planta que cresce no lodo e produz uma flor de extrema beleza, simboliza o grande potencial aprisionado dentro de cada vida humana. O Sutra de Lótus, rico de imagens extraordinárias, de metáforas e contos semelhantes a parábolas, foi a razão principal da missão de Sakyamuni nos seus últimos dez anos de vida e é considerado o núcleo central e a verdadeira essência de seu ensinamento. Explica em si sua intuição mais importante, que é: todos nós temos o potencial inerente para alcançar o Estado de Buda. Embora, como ele mesmo tinha consciência, tanto na época como nos dias de hoje, a mensagem do Sutra de Lótus não era para as pessoas comuns fácil de acreditar ou compreender. Como diz o próprio Sutra de Lótus:

"Entre todos os sutras que preguei prego agora e pregarei no futuro, o Sutra de Lótus é o mais difícil de acreditar e mais difícil de compreender."

Muitas pessoas estão confusas por causa da grande quantidade de escolas budistas, ainda que estejamos habituados às fragmentações em diversos grupos, o que é comum nas grandes religiões como o Cristianismo, Hebraísmo, Islamismo e Hinduísmo. Parece quase inevitável que um grande sistema filosófico voltado a explicar a imensa complexidade da vida, em vários períodos e situações diferentes, esteja sujeito a interpretações divergentes. Nesse sentido a fragmentação do Budismo não representa nada mais que o reflexo da complexidade da vida que busca a iluminação, e deveria ser considerada como um enriquecimento e não como motivo de confusão.

Nitiren Daishonin

Um dos maiores e mais controversos mestres que desenvolveu um papel de grande importância na evolução e transmissão dos ensinamentos budistas no mundo moderno. Nitiren nasceu em 1222, em pequena cidade de pescadores na costa sul do Japão e viveu até os 60 anos. Passou quase toda sua vida, desde o fim da infância praticamente, imerso no estudo dos ensinamentos budistas, preocupando-se, exatamente como havia feito Sakyamuni, com as pessoas comuns. Ainda, teve a coragem de atacar a ditadura, que na época governava o Japão, pelo abuso do poder e negligência em confronto a população. Tornou-se famoso como o Grande Sábio ou Nitiren Daishonin.

Nitiren foi para um monastério quando tinha doze anos, sendo que naquela época, um monastério era o único lugar onde um garoto podia aprender a ler e escrever. Fora isso, foi um garoto normal com uma educação normal, ainda que desde muito jovem manifestasse um dom de intuição não usual, além da coragem e compaixão. Logo se conscientizou de duas coisas que pareciam semelhantes e relacionadas entre si. A primeira era a vasta gama de conflitos e sofrimento que dominava a vida das pessoas da época, no século XIII no Japão. A segunda era a grande confusão entre os ensinamentos devido ao vasto florescimento das escolas budistas. Compreendeu que as pessoas comuns não sabiam no que crer ou como praticar, e que como a prática religiosa exercia papel fundamental na vida de cada um, essa confusão interior se refletia no grande nível de dor generalizada, no sofrimento e no conflito interior presente na vida de toda a população japonesa.

Desde jovem, Nitiren dedicou a própria vida essencialmente à missão de dissipar essa confusão, estranhamente decisão semelhante tomada por Sakyamuni, muitos anos antes. Essa decisão de Nitiren fez com que se transformasse em um dos mais obstinados reformadores sociais e religiosos do seu tempo. Nitiren não se acovardava, nem mesmo diante das ameaças de punição pronunciadas pelas autoridades o detinham. Tornou-se monge aos dezesseis anos e dedicou-se nos próximos quinze anos de vida, praticamente toda sua juventude, a busca pessoal objetivando desmaranhar a confusão sobre os ensinamentos budistas, visitando todos os principais monastérios que na época possuíam os antigos textos budistas. Dessa forma traçou uma linha partindo das escrituras japonesas, chinesas e indianas até chegar ao próprio Sakyamuni... E ao Sutra de Lótus.

A busca de Nitiren resultou no início de revolução no moderno Budismo Mahayana. Mas o fato realmente extraordinário é que somente nos últimos cinquenta anos, após a liberação militar do Japão posterior a Segunda Guerra e a abertura da Sociedade Japonesa, é que o Budismo de Nitiren começou a difundir-se em todo o mundo. Em fundamento, Nitiren restabeleceu o que havia se transformado em algo completamente obscuro com a proliferação das várias Escolas Budistas, ou seja, a supremacia do Sutra de Lótus como o núcleo central, o coração da mensagem de Sakyamuni.

Mas Nitiren foi mais longe que qualquer outro Buda antes dele. Através da profunda iluminação pessoal e da grande compreensão da natureza humana, revelou e criou um método extremamente simples e concreto com o qual todas as pessoas comuns pudessem iniciar a prática budista independente das exigências da vida cotidiana. Essa foi sua imensa contribuição, a criação de um modelo de prática budista acessível a todos naquela época e agora; acessível às pessoas hoje, por exemplo, com suas vidas ocupadas, ativas e empenhadas nessa sociedade moderna em que vivemos. Sem dúvida é por essa razão que é algumas vezes é chamado de O Buda da era moderna.

Com essa prática diária simples e essencial, Nitiren revelou de certo modo o veículo Mahayana definitivo que tantas pessoas tinham procurado por muito tempo. Intenso, místico certamente, e ainda, completamente acessível a qualquer um. Pela primeira vez foi exposto um método que permitia a todos sem exceção, jovens e idosos, homens e mulheres, ricos e pobres, filósofos e operários, de adotar no dia a dia, prática Budista significativa e capaz de melhorar a vida. Foi um marco fundamental na história do Budismo e certamente na história das religiões. Nitiren Daishonin viveu e ensinou no Japão no século XIII, mas sua doutrina não tem limites de tempo, direcionada à humanidade por através dos séculos.

Do ponto de vista histórico, Nitiren como Sakyamuni foi um reformador social. Nasceu em uma sociedade rigidamente feudal, governada por uma potente ditadura militar ao interno da qual, vários seguimentos religiosos exerciam grande influência na vida da população. As mulheres não tinham direitos nesse tipo de sociedade e Nitiren falava abertamente de um budismo que pregava a Universalidade do Estado de Buda inerente em todos, homens e mulheres da mesma forma, do respeito pelo indivíduo independentemente da sua classe social, e da possibilidade de todos de viver uma vida livre de sofrimento. Todas, coisas muito corajosas; inevitavelmente foi marcado, temido pelos Monges das Escolas as quais atacava e derrotava através de seus argumentos em seus debates, perseguido pelos Xogunatos Militares porque procurava uma reforma no sistema de governo.

Passou a vida explicando a essência dos ensinamentos de Sakyamuni e ajudando as pessoas comuns a considerar o Budismo como ensinamento prático, não como algo separado, mas como parte integrante das experiências da vida diária. Escreveu constantemente a seus discípulos, apoiando-os, guiando-os e ajudando-os a superar os problemas cotidianos, problemas daquela época, os mesmos como os de hoje; de uma discussão com o patrão à ansiedade causada por uma criança enferma ou o sofrimento pela morte do marido. A mensagem é constantemente de esperança e otimismo, volta sempre a uma maior compreensão do estranho paradoxo que se encontra no coração do Budismo ou seja, que o sofrimento é inevitável, mas é também o terreno indispensável para construir a força e a determinação para vivenciar a felicidade. Nitiren ensinou que quando nos sentimos fracos nossos problemas parecem enormes e insuperáveis, mas quando nos sentimos fortes os problemas parecem menos gigantescos. Assim, a idéia fundamental não está em eliminar os problemas da existência humana o que seria uma ilusão, mas sim em incrementar a nossa força interior. E há somente um modo de alcançar tal objetivo, que é enfrentar e resolver os problemas.

Após sua morte, aos sessenta anos, Nitiren deixou uma herança enorme. Havia criado uma doutrina e uma prática que tinham não somente a capacidade de transformar o enfoque da vida de um indivíduo, mas também aquela de transformar de baixo para cima o funcionamento da sociedade moderna.

O Budismo Nitiren no Mundo Moderno

Os acontecimentos que ligam a doutrina de Nitiren no Japão Medieval ao notável crescimento e interesse em seus ensinamentos no Mundo moderno, constituem em si uma Estória extraordinária. Após sua morte, seus ensinamentos permaneceram confinados ao tempo do Japão Feudal, praticamente marginalizado e isolado do resto do Mundo. O Budismo era praticado somente em círculo relativamente restrito de Monges e alguns Indivíduos, passando de geração a geração. Essa seria já uma Estória extraordinária. Dois fatos fundamentais ocorreram no século XX. O primeiro nos anos 20 quando um educador Japonês, determinado e idealista de nome Tsunesaburo Makiguchi, empenhado em grandes temas sociais como a reforma do sistema escolástico, encontrou nas escrituras de Nitiren sólida base Filosófica para uma abordagem totalmente nova, destinada ao sistema educacional Japonês. Makiguchi tinha consciência do progresso feito no ocidente neste campo e queria modificar o método não personalizado, mecânico e rigidamente estruturado que caracterizava o sistema escolástico no Japão, em favor de um método baseado no desenvolvimento do potencial de cada estudante. Com esse intuito, fundou em 1930 uma associação firmemente baseada no Budismo de Nitiren. Esta se expandiu gradualmente em uma década constituindo um movimento de pessoas que praticavam e propagavam os princípios do Budismo de Nitiren na sociedade Japonesa.

Com a ascensão da Junta Militar ao poder, esta associação pequena, mas muito liberal e progressiva, foi considerada uma ameaça à difusão da cultura nacional, o Xintoismo, que apoiava as grandes ambições da Junta. Makiguchi juntamente com seu discípulo mais próximo, um homem chamado Josei Toda, foi encarcerado por se recusar a refutar a sua crença. Makiguchi morreu na prisão em 1944, sacrificando a própria vida em nome da fé. Emaciado e debilitado, Josei Toda foi liberado em 1945, mas sua saúde foi seriamente comprometida pela brutal experiência.

Josei Toda não deixou de praticar o Budismo, nem mesmo por um instante, construindo assim uma indomável força interior. Foi libertado em um Mundo totalmente diferente daquele que conhecia. O Japão tinha sido arrasado, toda a infra-estrutura tinha sido destruída e as cidades reduzidas a uma montanha de ruínas. Em 1945 o General McArthur foi nominado comandante supremo do Japão por cinco anos, com plenos poderes para supervisionar a reconstrução do País e para introduzir medidas liberais que transformariam a sociedade Japonesa; medidas radicais para um País ainda Feudal, como igualdade para as mulheres, liberdade de Educação e completa liberdade de religião.

Era o homem apropriado para a missão. Do que deveria ter sido o pior período de sua vida, e dos japoneses em geral, Josei Toda encontrou, de qualquer forma, dentro de si a força e a inspiração para recomeçar. Iniciou a falar publicamente sobre o Budismo de Nitiren e seus métodos e prática bem definidos, da sua mensagem de esperança e coragem, e das suas soluções concretas para os problemas da vida cotidiana. A sua mensagem aliviava o desespero de um povo por anos esmagado pela ditadura militar e destruído pela devastação da guerra, das bombas, até mesmo nucleares. Dentro de um período de dez anos, milhares de pessoas adotaram os princípios do Budismo de Nitiren.

Hoje, a organização original, fundada por Makiguchi, é chamada Soka Gakkai Internacional (Soka significa "criação de valor" e Gakkai "associação") e é difundida em todo o Mundo. A Soka Gakkai deve muito, nos últimos cinquenta anos, a seu líder Daisaku Ikeda, grande Filósofo e escritor do Budismo no Mundo moderno. Daisaku Ikeda viajou em todo o Mundo sem descanso com o objetivo de difundir a mensagem do Budismo de Nitiren como uma base sólida na vida de qualquer indivíduo, e principalmente como veículo para a paz e a conciliação em um mundo dominado por conflitos.

A SGI é uma organização ativa. Em muitos aspectos é uma espécie de universidade global, enquanto fornece uma estrutura ao interno da qual, pessoas de muitas nações e culturas diferentes, cada uma, a seu ritmo e a seu modo, pode estudar o Budismo e suas implicações, tanto na própria vida como nos mecanismos mais amplos da Sociedade. Com esse objetivo, a SGI traduz e publica comentários e organiza seminários e debates através de um trabalho totalmente voluntário. É necessário procurá-lo que fazer-se procurar. Através de seu papel mediador, hoje, cerca de quinze milhões de pessoas de todo o mundo e de culturas e condições Socio-Econômicas diversas, escolheram basear-se suas vidas nos princípios do Budismo de Nitiren.

Mas o que significa exatamente basear a vida no Budismo de Nitiren?

CAPÍTULO QUATRO

Uma Questão de Fé

Fé é uma palavra que claramente carrega com si significados adquiridos durante séculos de tradição religiosa. Mas, podemos perguntar: O que significa a fé em uma religião onde não há uma divindade?

Em todas as religiões com as quais estamos mais familiarizados, como por exemplo, as religiões monoteístas, o Cristianismo, o Judaísmo e o Islamismo, a fé é de certo modo, a matriz que justifica os elementos dos ensinamentos que não podem ser provados ou demonstrados. Como podemos esperar, a fé exerce papel importantíssimo em qualquer religião que deva tratar da questão da divindade em si e do mistério da pós-morte, sendo que tais incomprováveis elementos são fundamentais.

Desta forma, toda vez que uma doutrina religiosa não pode ser validada pela experiência humana, transforma-se em uma questão de fé. Essencialmente isso significa que precisamos acreditar nesse ou aquele ensinamento porque Deus ou a sabedoria da igreja declarou que assim o é. Que Jesus era filho de Deus, por exemplo, nascido de uma virgem, e que subindo ao céu senta-se à direita do Pai. Ou que no princípio cristão da trindade, o filho é na realidade o pai. Ou que Muhammad recebeu as palavras do Alcorão, ditadas diretamente do anjo Jigril. Assim, o que crê é convidado a praticar um ato que pode ser chamado de pulo de fé para aceitar aquele elemento da doutrina.

O uso da palavra "pulo" é acurado nesse contexto enquanto indica o que devemos fazer. O crente abandona a segurança e conforto de terreno sólido, por assim dizer e se lança em algo muito além da sua experiência. Claro que isso não sugere que tal ato de fé seja necessariamente difícil. Claramente não o é, considerando-se o apoio que o Cristianismo e o Islamismo têm tido por milhares de pessoas por séculos. Devo novamente esclarecer que de nenhuma forma essas afirmações devem ser interpretadas como possibilidade de julgamento. Estou apenas tentando compreender o modo em que essa importante palavra fé é usada nas diferentes religiões. Claramente a fé está muito relacionada com o acreditar no poder de Deus ou de Alá e na definição no papel desse poder na vida humana.

Mas, o que fazer quando falamos de Budismo? Sendo que não há um deus criador e onipotente, a palavra fé deve ter um significado bastante diferente, e é obviamente importante compreendê-lo.

A diferença fundamental que aprendemos desde o início no Budismo de Nitiren é que a fé não deve ser direcionada para um credo em algo que está fora de nós mesmos. De fato, os textos Budistas esclarecem bem esse ponto. Como expressa Nitiren, devemos olhar dentro de nós.

"Sua prática dos ensinamentos Budistas não o vão aliviar dos sofrimentos do nascimento e da morte, a menos que você persiga a verdadeira natureza da sua vida. Se você procura a iluminação fora de si mesmo, ainda que pratique dez mil doutrinas e dez mil boas ações, será em vão. É como o caso do homem pobre que passava dias e noites contando a riqueza de seu vizinho sem ganhar nem uma moeda."

Então, o que significa a palavra fé nesse contexto? "... perseguir a verdadeira natureza da própria vida" - é o que nos dizem.

Surpreendentemente a resposta essencial é - acreditar em si mesmo. Está relacionado com a força do desejo e da determinação na vida de cada um de agir ou viver de um modo ou outro. Fé, em termos budistas, não é diferente da determinação ou autoconfiança com a qual perseguimos uma meta para atingir um nível de excelência em uma determinada profissão, por exemplo, ou em um esporte ou em uma carreira artística. A diferença indiscutivelmente fundamental é que nesse caso, a autoconfiança está firmemente ancorada nos ensinamentos que vieram de Sakyamuni, e foram evoluídos por uma série de grandes pensadores e professores nos últimos dois mil e quinhentos anos.

Nesse sentido parece claro que o Budismo de Nitiren pede a participação em algo que pode ser descrito como uma grande experiência, testando com a própria vida a validade daquilo que se afirma. Procurar dentro de nós a auto-estima e a determinação, dedicando-se à prática e *"esforçando-se no seu estudo"*, e a observação dos resultados na sua própria vida constatando se esse ensinamento mantém a promessa feita.

Como Podemos Verificar?

Nitiren foi sem dúvida um grande professor e filósofo mas, viveu de maneira prática e com os pés no chão. Preferiu passar quase toda sua vida em meio às pessoas comuns, sempre em contato com os problemas do cotidiano que lhes afligiam, e usando os princípios Budistas para ajudá-las ir adiante com suas vidas. Preocupava-se de demonstrar a todos de forma acessível, como suas vidas podiam melhorar através da compreensão dos princípios Budistas. Nossas circunstâncias materiais transformaram-se muito desde o período em que Nitiren viveu, mas nosso humanismo fundamental permanece o mesmo. Somos comuns mortais com os mesmos desafios. Nitiren ensinou, acima de tudo, que mesmo não podendo mudar a natureza da vida humana, nós podemos mudar a atitude em confronto a ela, e é exatamente o tipo de atitude que vai determinar se podemos ou não colocar a felicidade no centro de nossas vidas. Essa, em poucas palavras, é a essência de seu ensinamento e ele sabia bem que não era um ensinamento fácil de ser aceito.

Assim, Nitiren nos apresentou a questão, como podemos julgar a validade ou não de seus ensinamentos?

É uma pergunta crucial para uma religião humanística que se difunde de um ser humano comum a outro, e não fundada em dogmas e mandamentos transmitidos com a autoridade absoluta de um deus ou divindade criadora. Os mandamentos ditados por uma divindade não sugerem nenhum debate enquanto a orientação de um ser humano o exige.

Desde o início Nitiren deu-se conta que esse é problema fundamental que todos enfrentamos, hoje como naquela época, ou seja, discernir o relevante do irrelevante, os bons dos maus ensinamentos e assim forneceu solução ao problema. Não acreditar baseando-se na confiança, procure prova concreta. De fato, procure por três tipos de prova para julgar e estimar a validade de seus ensinamentos ou de qualquer assunto religioso ou filosófico com o qual se possa vir em contato. Explicou que a primeira dessas provas chamava-se "prova documentada". O ensinamento baseia-se em documentos sólidos que podemos ler e estudar para que possamos aprender a natureza essencial dos ensinamentos em si. A Torah, o Novo Testamento, o Corán, os grandes livros do Hinduísmo ou o Sutra de Lótus representam esse tipo de prova. A segunda a chamou de "prova teórica", ou seja, até que ponto o ensinamento segue um pensamento lógico. É mágico e fantástico ou mostra realidade que se iguala a vida como a experimentamos, permitindo de dar um sentido maior àquela mesma realidade?

Mas, é na terceira prova que Nitiren toca águas profundas. Ele chama-a "prova concreta", e nos transporta diretamente à questão inicial que está à base de todo esse percurso: qual é a função de um credo religioso em nossas vidas? Quando fala de prova concreta, Nitiren fala dos efeitos concretos que experimentamos na nossa vida como consequência de nossa ligação com esta prática. O Budismo usa a palavra "benefícios" para descrever esses efeitos. Os ensinamentos representam proposta concreta? Ajuda-nos genuinamente a enfrentar e superar os problemas do dia a dia? Encoraja-nos a viver de modo mais positivo, criando maior valor em nossas vidas, apesar dos desafios e da ansiedade que estamos destinados a afrontar enquanto seres humanos?

Todos os três tipos de prova são obviamente importantes em relação a qualquer filosofia ou ensinamento religioso que possamos encontrar, mas Nitiren sustenta que para qualquer prática, as evidências dos benefícios concretos e objetivos na vida cotidiana são consideradas como o teste principal de validade. Se pensamos por um instante, é a questão fundamental. Funciona? Melhora nossa vida cotidiana? Essa é a pergunta que essa prática nos convida a fazer. Não requer nada que possa ser descrito como uma fé cega. Mas, requer sim a auto-estima e a determinação que mencionamos anteriormente, de modo a dar-lhe uma chance concreta.

Presta-se atenção as dúvidas e temores que surgem particularmente ao início da prática, ainda que essas possam aparecer a qualquer momento. Questiona-se e estuda-se mais profundamente para encontrar a resposta. Mas em última análise, não será o estudo ou o que lhe foi dito sobre o Budismo que o convencerá de sua validade e sim o acúmulo gradual de experiências pessoais relativas à sua própria vida. A prática requer muito empenho para ser levada adiante com base somente no que dizem os outros. Acreditar profundamente na capacidade do Budismo de transformar a vida deve vir de dentro de cada um, porque significa aceitar a idéia da manifestação do próprio "estado de Buda" e talvez esse seja o passo mais difícil de todos.

O que Queremos Dizer com "Estado de Buda"?

Estamos acostumados a pensar que Buda é a grande figura histórica de Sakyamuni. Obviamente existiram muitos outros budas no decorrer da história, mas quando dizemos "o Buda" estamos nos referindo a Sakyamuni. Como já vimos, ele durante sua vida, nunca pronunciou haver relações divinas, pelo contrário, havia especificamente proibido seus seguidores de fazerem tal ligação. Porém, na mentalidade ocidental, Sakyamuni como figura histórica, ocupa um lugar ao lado a outros ilustres fundadores de religiões como Jesus e Maomé, que ao contrário reinvidicavam relações com o divino. Aliás, esta era a razão de suas missões na terra. De formas diversas diziam ser o canal através do qual o propósito divino vinha transmitido à humanidade.

Por causa desse status paralelo, habituamo-nos a atribuir dotes especiais ao título de Buda e não a própria qualidade divina. De fato, no Sudeste da Ásia, vimos que Sakyamuni foi divinizado com suas enormes estátuas de ouro nos altares dos templos budistas e, sendo que, foi essa linha de Budismo mais difundida no mundo ocidental, o conceito de divindade condicionou a reação no ocidente à palavra Buda.

Quem, Eu?

É, portanto, um choque quando entramos em contato pela primeira vez com os ensinamentos do Sutra de Lótus e com o Budismo de Nitiren que afirma que o "estado de Buda" não é uma qualidade possuída por um ser especial ou poucos homens no decorrer da história, mas é uma qualidade Universal inerente a todos, sem alguma exceção e é parte da nossa humanidade. O Budismo afirma que cada um de nós possui esse enorme potencial, reconhecendo-o ou não, acreditando ou não, havendo interesse em compreendê-lo ou não. O companheiro de viagem no ônibus, todas as pessoas que encontramos diariamente no trabalho o possuem e mesmo os que nos são simpáticos ou antipáticos.

É certamente idéia grandiosa capaz de mudar a vida, verdadeira revolução na história da espiritualidade. Era parte da iluminação de Sakyamuni e era conceito revolucionário também naquele tempo quando expôs pela primeira vez o Sutra de Lótus. Era ainda revolucionário quando Nitiren o explicou no Japão no século XIII, e continua revolucionario nos dia de hoje sendo que é teoria muito difícil de aceitar, de compreender e de seguir como base para superar as dificuldades do dia a dia.

Em síntese é isso, essa é a razão para a prática budista diária, ajudar-nos a prosseguir na estrada do conhecimento e incorporar esse conhecimento na nossa vida cotidiana. Sempre gostei da palavra "incorporar", desde quando tive minhas primeiras experiências na cozinha e é precisamente a palavra correta para expressar o que estou tentando explicar aqui. Para mim significa tomar esse ensinamento de certo modo alienado, e misturá-lo com o tecido da nossa própria vida até que se transforme indistinguível de todo o resto.

Então, o que queremos dizer com "estado de Buda"? Como fazemos para aceitá-lo? O fato surpreendente é que o "estado de Buda" é definido com simplicidade, com características comuns e, sobretudo com dimensões humanas sem nada de sobrenatural. São todas qualidades que cada um de nós poderia desfrutar. Um recurso interior de perceveransa e coragem, de sabedoria e compaixão. Uma vida baseada nesse espírito de determinação, força e otimismo onde podemos obter o que queremos na medida em que acreditamos

Obviamente somos mortais comuns, assim o "estado de Buda" não é condição imutável ou um ponto de chegada. O "estado de Buda" é como a própria vida, dinâmico e em constante transformação. Daqui deriva a prática diária. O ponto essencial que precisa ser enfatizado é a qualidade *humanística* da idéia. Todos os budas são mortais comuns, com sabedoria e sensibilidade, mas feitos de carne e osso com todas as características humanas que todos reconhecemos como parte essencial das suas vidas e das quais não podem se libertar. O "estado de Buda" não tem nenhuma relação com o que poderiamos definir como perfeição - nenhuma relação com capacidades sobre humanas ou poderes transcendentais. Isso porque o Budismo se ocupa da vida do dia a dia, o "estado de Buda" pode manifestar-se somente na vida das pessoas comuns enquanto vivendo seu cotidiano.

Coragem, Sabedoria e Compaixão

Coragem não significa a audácia do soldado, não é a ausência do temor, mas sim é a força para superar o medo e a negatividade que fazem parte da nossa vida. Medo de várias coisas: de falir, de ser rejeitado, da solidão, de não adequar-se; superar os obstáculos gerados pela nossa própria negatividade é sempre a tarefa mais difícil. Necessitamos deste tipo de coragem para vencer os desafios, quando se apresentam a nossa frente ao invés de escondê-los sob o tapete até quando não podem mais serem ignorados. É preciso coragem para enfrentar nossas maiores fraquezas.

Sabedoria não significa a profunda percepção do filósofo, mas um maior conhecimento e consciência de nós mesmos, das nossas forças e fraquezas e a capacidade de compreender os padrões do nosso comportamento que nos causam sofrimento e como podemos transformá-los.

Compaixão não é piedade pelos que têm menos fortuna que nós, mas é a capacidade de ver e compreender a verdadeira essência da própria vida e da vida dos que estão ao nosso redor. Significa maior compreensão e respeito por si mesmo e pelos outros em modo a desenvolver nível mais alto de consciência. Temos a tendência instintiva de colocarmo-nos no centro do Universo, e sentimos com força e clareza a voz interior que nos diz de nossas necessidades e desejos, temos dificuldade em ver a situação do ponto de vista do outro, seja uma discussão com uma pessoa íntima, seja a capacidade de compreender a natureza do pensamento de uma pessoa islâmica. É a compaixão que nutre a vontade de compreender o ponto de vista dos outros, ainda que seja diretamente oposto ao nosso. Não podemos negar que há uma grande escassez de compaixão nos dias de hoje.

Como Funciona na Prática?

Essas obviamente são somente palavras. Têm um significado preciso na página escrita que, porém desaparece quando se trata de colocá-las em prática. Podemos compreender perfeitamente as regras do jogo de tênis, mas não podemos começar a jogar enquanto não pegarmos a raquete na mão e tentarmos acertar a bolinha com precisão.

Este era o problema com o qual me deparei. Podemos dizer que eu era um ótimo budista em teoria. Conhecia suficientemente os princípios da filosofia a qual encontrei casualmente e quanto mais me dedicava à leitura, mais apreciava o imenso potencial que continha, capaz de transformar a vida. Mas não era capaz de ir adiante. Apreciava os ensinamentos, mas era extremamente relutante quanto a incorporar a prática na minha vida cotidiana. A relutância foi expressa em mil e uma desculpas. Acima de tudo era muito preocupado com o que os outros iriam pensar. Hoje isso parece muito superficial, mas era um fator real naquela época, porque havia dedicado um tempo considerável para construir a reputação de respeitado jornalista com certos conhecimentos na área da Ciência e Tecnologia. Como poderia explicar aos meus cínicos colegas da mídia que tinha adotado, entre tantas outras, a filosofia budista! A imagem estereotipada do Budismo está ligada à passividade, sem uma espinha dorsal e com silhuetas vagamente místicas. Tinha alguma coisa a ver comigo? Como é possível conciliar ser um jornalista, profissional da mídia, decidido e curioso e ao mesmo tempo Budista? Nenhum destes temores era original porque já tinha sido enfrentado e superado por inúmeras pessoas antes de mim, mas logicamente isso não faz com que o problema seja menos preocupante para qualquer indivíduo que o deva enfrentar.

Lembro-me quando iniciei a fazer mergulho e deixei pela primeira vez o ambiente seguro da piscina para mergulhar em mar aberto. Estava no mar Mediterrâneo e sabia que o fundo escuro se encontrava a trinta metros de profundidade. Será que eu queria mesmo ir até lá? Entrei na água e fiquei por ali na superfície procurando adequar-me a toda aquela aparelhagem. Por fim o instrutor me disse: "Vamos lá, mergulhe!". E mergulhamos.

Algo parecido aconteceu com o Budismo. Um dia Sarah, com grande sabedoria, simplesmente me persuadiu a parar de pensar e começar a praticar nem que fosse por apenas cinco ou dez minutos por dia. O mais importante era a consistência, a regularidade e não o tempo de duração. Eram melhores dez minutos duas vezes por dia que uma hora uma vez por semana por exemplo. Na época não me pareceu um momento fundamental na minha vida, mas uma vez iniciado o trajeto continuei, e no Budismo o trajeto é certamente mais importante que a chegada. Não se atravessa o oceano, ou não se chega a um destino reconhecível. É mais como uma progressão constante intercalada de momentos de regressão nos quais se pergunta "O que é que estou fazendo?".

Mas acredito que a dúvida faz bem. A dúvida é parte essencial da nossa Humanidade. Temos sempre dúvida de tudo, da escolha do terno, da companheira, portanto é perfeitamente aceitável a dúvida de algo tão importante como incorporar o Budismo na própria vida. O ponto chave é reconhecer a dúvida, examiná-la para compreender de onde vem e assim poder resolvê-la.

Não Perder de Vista o Objetivo

É importante, porém, não perder de vista o objetivo, o que você está tentando alcançar, e reforçar a capacidade de ver tudo, absolutamente tudo, sob um ponto de vista positivo e construtivo. Não importa o quanto difícil a situação possa parecer inicialmente. Queremos aprender como transformá-la e criar valor em nossas vidas porque é isso que nos foi prometido. Não é necessário dizer que isso não acontece de um dia para o outro, é preciso tempo e envolve o aprendizado de série de novas capacidades. Mas o mesmo ocorre com qualquer outra habilidade que queiramos desenvolver. Não temos expectativa de sermos pianista virtuoso ou ótimo tenista sem praticar assiduamente, ou temos?

É neste contexto que o Budismo está ligado à vida diária. Estamos todos no mesmo barco. Cada indivíduo por mais excepcional, brilhante, livre de sofrimento que possa parecer de fora, experimenta o medo e o desespero assim como a esperança e a alegria. A grande força do Budismo de Nitiren é que não responde de forma evasiva, mas faz uma promessa muito clara e inequívoca: empenhe-se e seguramente verá os resultados. Há vastas implicações na transformação interior de um indivíduo. Para todos nós a vida consiste em rede em constante mutação de relações de vários níveis de complexidade. A plena responsabilidade do indivíduo pela própria vida está no centro do Budismo, mas não é condição que se obtém em um instante, é um processo contínuo, viagem na qual já falamos. De qualquer forma encontramos a coragem para seguir nesse percurso e o Budismo nos ajuda a mantê-la no cotidiano. E quando falimos, como acontecerá mais cedo ou mais tarde, nos ajuda a levantar e continuar a caminhada novamente e ainda mais uma vez e quantas vezes for necessário. Mas uma vez iniciado o processo, surte o mesmo efeito de uma pedra lançada num lago. Enquanto nos transformamos e iniciamos a viver com base em novos princípios, a ondulação se multiplica em círculos cada vez mais amplos.

Se um indivíduo pertinente a um grupo estreito se transforma, haverá sem dúvida efeito em todos os outros indivíduos. Um comportamento mais positivo e otimista em relação à vida, por mais que inseguro e instável, é forte propulsão em direção à mudança. O Budismo explica que verificamos as primeiras mudanças dentro da própria família e com os amigos, em seguida com os colegas de trabalho. Todos nós reconhecemos a veracidade disso porque tivemos experiências relativas na nossa vida cotidiana. Um só indivíduo com visão profundamente negativa e pessimista é capaz de influenciar o humor de um grupo inteiro, exatamente como um ponto de vista otimista e alegre é muito contagioso, mesmo em circunstâncias adversas.

Quando comecei a praticar o Budismo, minhas questões interiores continuaram sem resposta. Ao máximo, era um budista "em incógnita", porque não confessava a ninguém fora do meu círculo mais íntimo que tinha iniciado a praticar. Porém meus colegas de trabalho perceberam mudança no meu comportamento e faziam até comentários irônicos como "O que você anda tomando ultimamente?". Era consciente de ter ganhado a reputação de uma pessoa severa, exigente e irritante e as horas de trabalho no estudio ou em gravações externas eram caracterizadas por forte tensão. Mas tinha também a reputação de obter ótimos resultados, e por qualquer razão tinha me convencido que as duas coisas caminhavam lado a lado e que era necessário introduzir uma dose de adrenalina para conseguir resultados melhores. Hoje compreendo que estava completamente errado. Comecei a esforçar-me para transformar o relacionamento com meus colegas de trabalho. Passou a ser muito mais fácil trabalhar comigo e obter resultados ainda melhores. Essa transformação se deu somente por causa de minha prática budista? É difícil dizer, mas posso garantir que foi responsável por desencadear a minha transformação.

O Budismo diz que a transformação radical no enfoque da vida de um indivíduo pode ter um efeito duradouro de expansão lenta e gradual que vai além dos relacionamentos de família e de amizade, até a comunidade local e ainda mais além. É visão grandiosa que inclui tudo. O Budismo Nitiren ensina que o caminho para uma sociedade mais sadia, baseada no princípio do respeito pela vida e pelos valores dos outros, com a paz e a felicidade individual como objetivo principal, não pode ser traçado de cima para baixo. Deve ser criado de baixo para cima, através da profunda transformação na vida de incontáveis indivíduos, gradualmente modificando o modo em que opera a sociedade. Como disse Daisaku Ikeda:

"Não há solução duradoura para os problemas da Sociedade que não implique no desenvolvimento do próprio estado vital."

Essa trajetória em direção ao Budismo que inicia puramente como um acontecimento pessoal resulta em visão infinitamente mais vasta. É visão profundamente importante do futuro e pode-se argumentar, que se faz no presente momento mais que apropriado. Raramente existiu em toda sociedade uma necessidade maior dessas duas qualidades gêmeas que formam o núcleo do Budismo: indivíduos plenamente responsáveis pela própria vida e respeito pelos valores e humanidade de cada semelhante. Tal transformação não pode ser imposta, deve ser adotada e nutrida por dentro.

CAPÍTULO CINCO

O que Queremos
Dizer com Felicidade?

A palavra felicidade aparece com frequência nas discussões sobre o Budismo. Tendo sido citada várias vezes, como devem ter notado. Os adeptos do Budismo de Nitiren sustêm que o motivo principal pelo qual praticam é nada menos que o de obter maior felicidade para si e para os outros. Do ponto de vista humano isso não é surpresa. Fazemos muitas coisas em nome da felicidade e verificamos que o conceito de felicidade ocupa papel de destaque até no notório texto da Declaração da Independência dos Estados Unidos:

"Consideramos esta verdades como evidentes de per si, que todos os homens foram criados iguais, foram dotados pelo Criador de certos direitos inalienáveis, que, entre estes, estão a vida, a liberdade e a busca da felicidade."

Em termos religiosos, porém é tema menos usual e é estranho que temos que procurar com esforço a menção da palavra felicidade na maior parte das liturgias, digo felicidade na terra aqui e agora e não daquela felicidade em lugar celestial depois da morte.

O Budismo com seu Humanismo, e sua crença no poder espiritual do Ser Humano, é fortemente focalizado na busca da felicidade como objetivo fundamental da vida humana aqui e agora. Neste sentido, procura desfrutar o que indubitavelmente é um dos motivadores mais fortes na Natureza Humana como instrumento para a transformação, permitindo-nos de conduzir uma vida mais plena e mais rica. Explica que obter a felicidade para si e para os outros – sendo que ambas estão permanentemente ligadas – é essencialmente a razão da nossa existência. Mas, a felicidade não vem ao nosso encontro. Querer não é conseguir. Devemos aprender como conquistá-la. Temos que utilizar o material pouco promissor do qual a vida é feita e transformá-lo em material para a felicidade.

Essencialmente esse é o motivo pelo qual Sakyamuni abandonou a própria casa com o propósito de compreender o que a vida representa na realidade. Sakyamuni tinha testemunhado a dor e o sofrimento na vida das pessoas nas ruas da sua cidade. O que fazer a respeito? Era um fato inevitável e fatídico ou era possível obter compreensão mais profunda da natureza da própria vida e assim encontrar um modo melhor de viver? Sakyamuni era consciente, obviamente, de que não poderia transformar o processo físico da vida, tinha então que investigar mais profundamente a essência e o potencial do Espírito Humano. O resultado dessa busca constitui o corpo dos ensinamentos que chamamos de Budismo.

Mas, então, o que queremos dizer com felicidade? Certamente é uma condição vaga e indeterminada, muito difícil de descrever e definir dado a sua natureza subjetiva.

Mas, podemos dizer que, como o sabor do morango, por mais difícil que seja defini-lo, uma vez saboreado podemos sempre reconhecê-lo e na sua ausência sentir a sua falta. Se relembrarmos o passado torna-se-a mais fácil definir a felicidade fazendo referência a determinadas experiências, somos inclinados a pensar em momentos, episódio, período que se foi, mas não pensamos em um "estado de felicidade". Quando vivemos em um determinado lugar ou quando estávamos de férias, quando fazíamos parte de um time na escola ou aprendemos a fazer algo especial, quando fomos trabalhar pela primeira vez ou nos apaixonamos. Para a maioria de nós a felicidade é experiência transitória e efêmera. Essa sensação, chamada felicidade é constituída de breves momentos intercalados, de períodos mais longos de sua ausência ou períodos em que sua presença não era intensa o suficiente para deixar impressões na nossa memória.

Mas por que não? Uma resposta poderia definir indiretamente essa sensação evasiva que chamamos de felicidade. Simplesmente evaporou-se, desapareceu? Ou foi sucumbida pelas experiências de infelicidade, se podemos chamá-las assim, provocando momentos de maior ou menor ansiedade? Por exemplo, enfrentar o fim de um relacionamento ou permanecer em um trabalho aborrecido e insatisfatório do qual não é possível escapar, lutar contra constantes preocupações financeiras, ou conviver com uma contínua falta de auto-estima que ameaça nossa estabilidade pessoal. A lista das possíveis insatisfações é naturalmente infinita, e temos todos os nossos dramas pessoais para enfrentar.

Mas o que quero enfatizar é que em geral, nossa idéia de felicidade parece estar ligada a fatores externos. Se acontecer algo bom, nos sentimos felizes, mas, se tivermos algum aborrecimento, ficamos infelizes. Somos como uma folha ao vento. Se analisarmos os índices sociais tão em evidência nos dia de hoje, verificarmos o número de famílias separadas, relacionamentos falidos, uso de drogas e antidepressivos como Valium e Prozac, constatamos que os acontecimentos que desencadeiam os momentos de não felicidade estão aumentando. Parece que este estado de não felicidade ou de insatisfação com as nossas vidas seja maior hoje do que era antigamente.

Mas por que é assim e onde podemos encontrar explicação?

Bem, acontece que hoje em dia, mesmo em assuntos evasivos como a felicidade, é possível recorrer à Ciência até certo ponto. Muitas pesquisas têm sido feitas nos últimos anos nas áreas da Psicologia e Sociologia com o objetivo de determinar o que faz com que as pessoas sintam-se bem com si próprias e com a condição de suas vidas. A maioria dessas pesquisas foi feita nos Estados Unidos, como era de se esperar, afinal é um tema central na Constituição Americana!

A Psicologia preocupou-se sempre de pesquisar sobre as causas que impedem o bom funcionamento da Mente Humana. Por muitos anos, psicólogos concentraram-se no estudo das causas da ansiedade e da depressão, procurando distanciar o paciente da negatividade e ajudá-lo a retornar a um estado de maior normalidade. Mais recentemente compreenderam que se obtêm resultados melhores estudando os fatores que causam o Bem-Estar, e nos últimos dez anos foi consolidada uma nova linha de pesquisa acadêmica: a Psicologia positiva.

O Professor Martin Seligman, Psicólogo da Universidade da Pensilvânia, um dos arquitetos da nova disciplina disse:

"Não era mais suficiente para nós anularmos os fatores debilitantes e começar do zero. Devíamos perguntar quais eram as condições que permitiam o ser humano crescer. Como chegar de zero a cinco?"

Dito isso, ainda é tarefa difícil para os estudiosos definir exatamente o que é a felicidade, o que é compreensível visto que a felicidade pode ser descrita somente a partir da perspectiva das experiências pessoais. Se analisarmos os resultados das pesquisas feitas nos últimos anos para determinar qual tipo de experiência causa mais Bem-Estar nos seres humanos, é extraordinário notar o quanto essas conclusões se refletem na doutrina contida nas inúmeras cartas escritas por Nitiren a seus seguidores.

O altruísmo, por exemplo, preocupar-se com as necessidades dos outros ao invés de ocupar somente de nossos problemas pessoais, e está surpreendentemente no topo dessa lista hipotética. Os biólogos evolucionários têm grande dificuldade em compreender a utilidade do altruísmo na evolução, mas aqui ele está entre as principais causas para a felicidade. O grande poder da gratitude é outro tema recorrente, que dá ao doador tanto quanto ao recebedor um senso de Bem-Estar e mais, maior energia e uma saúde melhor. O Professor Seligman explica como o simples ato de expressar gratitude pode gerar um efeito de Bem-Estar a quem pratica a ação por um mês inteiro.

No seu livro, *Felicidade Autêntica*, Seligman dá grande ênfase, e não é o único a fazê-lo, àquilo que chama de "empenho", ou seja a profundidade da participação na vida daqueles que nos estão próximos, os familiares, os amigos e colegas de trabalho; o nível de consciência e compreensão da nossa humanidade de forma mais ampla e nosso relacionamento com os outros. Também enfatiza a necessidade de forte sentimento de propósito, ter um objetivo, meta que é mais abrangente que o simples desenrolar cotidiano de nossas vidas.

Como explicam ou justificam os psicólogos a atual insatisfação ou o contínuo mal estar descrito anteriormente? O Doutor Edward Diener, da Universidade de Ilinóis, um dos pioneiros no campo da Psicologia Positiva, afirma que pode ser visto como o lado negativo da vasta opulência nos dias de hoje.

O Materialismo Sem Saída

Acredita-se que esse mal estar esteja associado a grande quantidade de "coisas" a nossa disposição, muito mais coisas que podemos querer ou acreditamos necessitar e quando não obtidas são a causa do nosso descontentamento. Somos constantemente chamados a medir quem somos, em confronto a modelos de comportamento que nos são apresentados em várias formas, pessoas altamente bem sucedidas, mais ricas, em melhores condições de vida e consequentemente mais felizes. É um truísmo dizer que hoje em dia a felicidade é medida em termos de ostentações materiais, em termos daquilo que possuímos, o carro novo, a casa grande, a roupa da moda e assim por diante. Obviamente é desse modo que o marketing publicitário desfruta com grande perícia, a tendência natural do ser humano de comparar-se com os outros para ver aquilo que falta e não aquilo que já possuímos. Por fim, Nitiren abordou esse argumento há muitos anos atrás em uma de suas cartas:

"Uma pessoa pobre não pode acumular riqueza contando a fortuna de seu vizinho mesmo o fazendo dia e noite."

Dessa forma, o Marketing moderno é uma inegável influência perturbadora no nosso meio ambiente, jogando a nossa frente imagens de pessoas sempre melhores, mais elegantes, mais bonitas, mais poderosas... carros, roupas, casas, móveis, corpos e tudo mais. A gama dos bens materiais nunca foi tão numerosa e com a difusão global do cinema e da televisão, o limite de comparações a nossa disposição se ampliou a ponto de incluir o Mundo inteiro. Em consequência, o potencial do que podemos chamar insatisfação "induzida" com o nosso destino, é sempre maior e muito mais amplo. E não é somente um problema de inveja. É mais profundo e mais vasto que isso. Se não podemos conquistar esses símbolos de sucesso, dizemos a nós mesmos, o que está errado comigo? Claramente, até certo ponto somos falidos porque não temos o que é necessário para ser bem sucedido na vida. E como sucesso significa felicidade nessa equação, não temos o que é necessário para sermos verdadeiramente felizes.

A Psicologia Positiva criou até um nome para definir esta condição: "ânsia da comparação".

Dito isto, é importante sublinhar que o Budismo de Nitiren não renúncia aos bens materiais. Acolhe os aspectos, sejam materiais ou espirituais, que fazem parte da vida porque são ambos importantíssimos e afirma que para experimentar um profundo sentimento de Bem-Estar devemos estabelecer certo tipo de equilíbrio. Ser humano significa ter desejos, o desejo faz parte da nossa natureza. É dito que nossos ancestrais pré-históricos introduziram a sociedade consumista cerca de 30-40.000 anos atrás na forma de colares de conchas, contas decoradas e entalhadas e objetos de caça personalizados. A decoração não tornava os objetos mais eficientes, simplesmente os tornava esteticamente mais agradáveis, em consequência mais desejados a ponto de serem comercializados em toda a Europa. Esse processo nunca foi interrompido. Desejar coisas é uma das forças que impulsiona a vida e os desejos básicos como um bom trabalho, conforto e assim por diante, estão enraizados na nossa condição de Ser Humano e não devem ser ignorados ou considerados menos dignos.

As pessoas que praticam o Budismo de Nitiren são encorajadas a recitar para conseguir seja o que for que julguem necessário obter em suas vidas e isso inclui certamente bens materiais, desde um salário melhor e maior segurança econômica até uma casa melhor por exemplo. O fato é que o ato de recitar fará surgir maior sabedoria e a compaixão necessária para adequar os desejos em contexto de vida mais amplo e completo.

O Budismo diz ainda que, adquirir bens pode ser uma experiência extremamente agradável, mas não constitui a base para a felicidade sólida, duradoura e resistente que tanto procuramos. O prazer pela aquisição de algo novo se dissipa rapidamente e o único modo de acender a chama novamente é sair fazendo compras novamente. De um modo ou outro, todos nós já passamos por isso. Tudo que precisamos, nos convencemos, é aquela "outra coisa" na vitrine e ficaremos mais ou menos contentes até que algo mais apareça defronte aos nossos olhos e assim por diante.

Por ser a raiz de muita insatisfação, o Budismo identifica essa condição como o estado de animalidade ou seja, um estado de contínua e perpétua insatisfação no qual somos convictos que a felicidade consiste em possuir algo ou vivenciar uma experiência que naquele momento está fora do nosso alcance. Essa ilusão não é restrita às coisas materiais, abrange todas as áreas da atividade humana, do desejo de ter uma família, filhos, riqueza, fama, até a perpétua juventude e beleza. Não é estranho para quem se encontra no Estado de Animalidade fixar-se em continuação com uma coisa atrás da outra convicta, cada vez, de que aquilo vai lhe satisfazer o desejo e trazer-lhe felicidade. A animalidade é causa de uma profunda infelicidade.

O Budismo diz que: por mais naturais e essenciais que possam ser os desejos na nossa vida e por mais que devam ser encorajados, acreditar que a felicidade duradora possa ser adquirida como uma mercadoria é ilusão que nos causará profunda infelicidade.

Uma Vida Sem Problemas

Nosso desejo de ter vida livre de problemas é categoria especial dessa ilusão por assim dizer. Parece ser algo completamente diferente, mas, na realidade, possue muita das mesmas características.

Nenhum de nós quer problemas. Nunca. No fundo sabemos que os problemas, as crises, as dificuldades e os desafios de qualquer gênero constituem uma parte integrante da nossa existência, mas por alguma razão, nos apegamos à convicção, ou talvez à esperança, de que os problemas e o sofrimento são exceções e não a regra. Como resultado a felicidade é definida como ausência de problemas. Mas, a realidade é que os problemas, os desafios, as dificuldades de um tipo ou outro continuam a vir, e a felicidade que tanto buscamos continua a nos escapar.

De acordo com essa visão da vida, vivemos frequentemente com a esperança de evitar os problemas e consequentemente o sofrimento. Usamos todas as estratégias que estão ao nosso alcance. Tentamos ignorar o problema ou fugir dele com a esperança que de alguma forma se evapore. Mas sabemos por experiência que os problemas se amplificam quando ignorado. O que poderia ter sido de fácil resolução se tivéssemos tido a coragem de enfrentar, transforma-se em coisa gigantesca que nos consuma.

Estamos acostumados a culpar os outros pelas dificuldades na qual nos encontramos ou culpar as circunstâncias do nosso ambiente, culpamos tudo e todos, menos nós mesmos. Se tivermos um problema de relacionamento, por exemplo, é porque a outra pessoa deve mudar algo no seu comportamento ou porque tem um defeito específico que nos irrita. Se tivermos atrito com o chefe no trabalho provavelmente será pelo seu modo irracional ou injusto de comportar-se. Certamente, um modo comum de lidar com tais problemas é ignorar, afinal, a culpa é do outro. Fingimos que o problema não existe e recusamos a confrontá-lo ou simplesmente o colocamos debaixo do tapete.

Esse tipo de comportamento ocorre particularmente quando as pessoas envolvidas têm uma visão muito diferente da situação. Uma das partes percebe fortemente o problema e a outra o ignora esperando que desapareça, e aquilo que ao início era somente uma pequena divergência, transforma-se em uma situação tão estressante chegando ao ponto de colocar em jogo o relacionamento.

Outro cenário comum, é o de não ter esperança, não necessariamente por causa da grandeza do problema ou número de obstáculos a serem enfrentados, mas pela sensação de incapacidade e impotência que o problema nos cria.

O pressuposto fundamental do Budismo é que tudo, completamente tudo, começa com o eu. Se há atrito, dificuldade ou frustração em qualquer aspecto da nossa vida, o melhor lugar para começar a procurar a causa é dentro da nossa própria vida. Por mais que seja difícil de aceitar e compreender que os nossos pensamentos, palavras e ações foram a causa do aparecimento do problema, esse é o significado real de assumir a responsabilidade pela nossa própria vida. Isto é, precisamos admitir ainda que seja desconfortável e difícil de digerir. Mas, o grande aspecto positivo disso é que se a causa se encontra dentro de nós, assim também se encontra a solução. Ao invés de dizer: "mas se ele ou ela mudasse...", começamos a pensar: "o que posso mudar em mim de forma a resolver o problema?".

Felicidade Não é Presente que Recebemos dos Outros

A grandeza do Budismo de Nitiren como sistema filosófico está na sua imensa praticabilidade. Propõe-se explicar como funciona a vida e como podemos vivê-la com felicidade e criatividade assim como ela é, e não como gostaríamos que fosse. O Buda Sakyamuni não era um teórico, passou toda sua vida a pregar para o povo respondendo às perguntas e propodo perspectiva diferente de ver as coisas. Nitiren Daishonin era feito do mesmo barro, não se prestava a solitária meditação em um Monastério qualquer. Nitiren passou sua vida envolvido com os problemas das pessoas normais, num período em que o país estava em constante tumulto.

O resultado, como sabem milhares de pessoas, é que ambos, Sakyamuni e Nitiren propagaram um ensinamento de grande teor prático e imensamente liberador. Nada se conclui reclamando dos problemas, já que aparecem em continuação, ou esperando que deixem de existir. O ponto chave, Nitiren escreveu, é dar continuidade a nossa vida:

"Nunca permita que as preocupações da vida disturbem você, ninguém pode evitá-las, nem os sábios nem os santos".

Nossa felicidade não está nas mãos dos outros. Aquela felicidade duradoura que oferece a base para a vida não depende de eventos externos, podendo vir de um lugar somente, de dentro de cada um de nós.

É esse tipo de mudança interior na nossa interpretação da realidade que determina o sucesso ou falência na busca de uma vida feliz. Os problemas nos derrubam se formos fracos, transformam-se em uma escalada ao Evereste, mas, se tivermos um espírito forte, os problemas encolhem e representam nada mais que desafio o qual sabemos que somos capazes de vencer.

Mais além, essa nova percepção da realidade transforma completamente a natureza da equação. O desafio não está mais em enfrentar o problema, mas em sermos mais fortes, em construir uma força interior capaz de não nos deixar abater pelas dificuldades. Essa mudança representa o núcleo do Budismo de Nitiren, o constante crescimento da nossa segurança interior e da nossa auto-estima.

A Única Academia Espiritual na Cidade

O extraordinário paradoxo que se encontra no centro do Budismo de Nitiren é que não é suficiente reconhecer que os problemas são inerentes na nossa vida. Devemos aprender a vê-los como fundamentais para o nosso crescimento e nossa felicidade. A reação óbvia é provavelmente: "Problemas?" "Não obrigado!" Mas não é necessário refletir por muito tempo para reconhecer o poder de transformação contido na teoria de que os problemas e as dificuldades podem efetivamente ser um estímulo para o crescimento.

A força da gravidade, por exemplo, exercida sobre a terra e sobre nós, fez com que nosso corpo desenvolvesse uma estrutura física e força muscular, tornando-nos capazes não somente de caminhar eretos, mas também de correr, saltar e superar obstáculos sem darmos conta do esforço necessário.

Da mesma forma, segundo Nitiren: "Somente derrotando um inimigo poderoso podemos demostrar a nossa força".

Assim, a idéia proposta pelo Budismo é que os problemas e as dificuldades nos poporcionam a oportunidade para o "treinamento" do nosso espírito e, se pensarmos por um momento representam a única academia na cidade, o desfio essencial sem o qual simplesmente não podemos desenvolver o músculo espiritual que precisamos para viver uma vida mais plena e feliz. Não existe nada de semelhante.

Ninguém diz que é uma lição fácil de aprender ou colocar em prática, mas o fato é que todos nós sabemos como funciona com base em alguma experiência pessoal.

Quando superamos um problema, sentimos grande sensação de satisfação pessoal. Se inesperadamente conseguimos um trabalho, se curamo-nos de uma doença grave ou conseguimos ajudar um amigo a superar a preocupação devido a problema sério, a vitória nos proporciona grande sentimento de exaltação. E quanto maior o problema o qual formos capazes de resolver, maior a satisfação. Por um período nos sentimos fortes e gratificados e temos mais confiança na nossa capacidade de enfrentar as dificuldades, não só naquela situação em particular, mas em qualquer circunstância. Este é o ponto chave. O efeito é realmente muito vasto e chega a grandes distâncias. De uma maior segurança resulta um maior sentimento de bem estar.

O Budismo basicamente nos incentiva a ter sempre presente essa idéia, de termos consciência e de construí-la e reforçá-la com a energia e segurança interior que deriva da prática cotidiana.

Essa é a mudança no comportamento que estamos buscando. Os problemas continuam os mesmos, mas nossa convicção de poder superá-los mudou profundamente e se estamos certos de poder superá-los, esses mesmos problemas mudam de aspecto e não parecem mais assim tão intimidantes. É por essa razão que voluntariamente o definimos como desafio, o que representa em si mudança significativa enquanto os problemas são considerados negativos e deprimentes, os desafios são estimulantes e edificantes.

É importante enfatizar que não estamos falando de estoicismo, não estamos dizendo para suportar as dificuldades ou para acumular forças para carregar o peso nas costas. Estamos falando de transformar as dificuldades inevitáveis em fonte de Bem-Estar para si mesmo e para os outros.

Ensinamento que a primeira vista pode parecer estranho, para não dizer irreal, proporciona, na realidade, grande liberação. O Budismo de Nitiren descreve frequentemente essa abordagem aos problemas com a frase "transformar o veneno em medicina". Isso significa pegar uma situação difícil ou aparentemente impossível e não limitar-se a suportá-la, mas transformá-la completamente de forma a criar valor e assim provar satisfação.

Saber Onde Procurar

Devo admitir que se no início fosse dificílimo, para eu falar de Budismo e de felicidade de modo belo, audacioso e seguro, como o faziam os budistas a meu redor e, da mesma forma era difícil falar em alcaçar o estado de Buda. Mas, considerava a ideia que está à base da prática budista muito convincente e tocante. Vale a pena dizer que independentemente de termos consciência ou não, de acreditarmos ou não, de compreendermos ou não, temos todos dentro de nós o poder de *escolher* a felicidade nessa vida e, que podemos ainda aprender como atingir essa meta. Sem dúvida é conceito capaz de mudar a vida. Felicidade não significa ausência de problemas ou dificuldades, mas significa percepção forte e clara do *valor* das nossas vidas a cada minuto e do valor da vida de cada outro ser humano.

Fácil dizer, mas extremamente difícil de obter. Creio que são poucos os que são capazes de apreciar o valor da vida a cada minuto ainda que possamos reconhecer a importância dessa capacidade. É algo que precisamos aprender a adquirir e o único modo para fazê-lo é trabalhar assiduamente dia após dia. E por que não fazê-lo? A vida é tão preciosa! Esse trabalho interior é como estudar piano, de pouco a pouco chegamos a tocar Mozart.

Um fator fundamental nesta busca da felicidade é saber onde procurar. O budismo ensina paradoxalmente que se acreditarmos que a nossa felicidade depende da ausência de problemas, estaremos criando uma estratégia destinada a falência, porque tal condição não existe. Se por outro lado, procurarmos um forte e duradouro sentimento de Bem-Estar no centro de nossas vidas, que pode ser encontrado somente nos momentos mais cruciais, quando nos encontramos face a face com as dificuldades, conseguiremos alimentar a coragem e a sabedoria necessárias para enfrentá-las e superá-las.

Pode parecer itinerário desconfortável e insólito a ser seguido para a busca da felicidade. Mas, se refletirmos, é imensamente realístico além de prático e, sobretudo é destinado a perdurar enquanto construído construído com base nas circunstâncias reais de nossa vida. Vem de dentro, assim não depende das mutáveis circunstâncias da vida. Todos nós apreciamos o sentimento de exaltação e alegria que resultam de sucesso inesperado ou de desejo realizado. Sem isso a vida seria muito mais pobre. Todos nós gostamos da atenção associada à riqueza e ao prestígio. Mas acima de tudo queremos alcançar um estado de Bem-Estar indestrutível, que o Budismo de Nitiren descreve como absoluto ao invés de relativo.

Assim respondemos, ao menos parcialmente, à pergunta inicial. Descobrimos que no Budismo felicidade não significa o êxtase temporário que se vivencia como consequência de um evento externo exaltante. Não depende da aquisição de bens materiais e não depende dos outros. Significa aproximar-se do próprio Estado de Buda.

A História de Sally

"Estava praticando o Budismo de Nitiren há cerca de cinco anos. Adorava a prática que me trouxe muitas alegrias e um grande sentimento de estabilidade, mas havia necessidade de algo que faltava no âmago da minha vida.

Queria ser mãe mais do que qualquer coisa na vida. Sempre quis ter filhos, mas agora este desejo estava me consumindo. Era a primeira coisa que vinha a minha mente de manhã e frequentemente a última coisa em que pensava à noite. Havia me casado recentemente. Meu marido John e eu conversamos muito sobre o assunto antes de nos casarmos, dessa forma, sabia que seria muito difícil, se não impossível, pelo fato que John havia feito uma vasectomia anos antes. John fez a operação inversa pouco antes de nosso casamento, mas com resultados parciais. Pelo que fui capaz de compreender, o médico disse que os anticorpos gerados pela vasectomia matavam os espermatozóides ou diminuíam sensivelmente sua produção.

Minhas esperanças de encontrar uma saída desmoronaram. Mas queria desesperadamente ter uma criança nossa, minha e de John. Mais uma vez não sabia como sair fora desse terrível drama e decidi que a única coisa a fazer era colocar à prova minha prática budista. Lembro-me de ter pensado: 'A que serve a prática se não me ajuda a resolver a coisa mais importante na minha vida?' Decidi que independentemente das circunstâncias iria recitar por duas horas por dia até ter nos braços o meu filho. Não existem palavras que podem descrever a coragem que foi necessária para tomar essa decisão.

Na realidade não sei de onde veio tanta coragem.

Quando me comprometi comigo mesma quase tive medo do compromisso. É como se tivesse de fronte a uma montanha e agora tinha que escalá-la. Como iria conseguir! No primeiro dia coloquei o relógio para despertar às seis da manhã e comecei. Em retrospectiva posso dizer que foi uma luta terrível. Chorei muito em frente do Gohonzon* até ficar com os olhos inchados. Minha recitação não era forte nem corajosa e de tanto em tanto murmurava com a voz trêmula. Sabia que precisava também agir e assim comecei a visitar as clínicas de fertilidade.

Meu humor não era bom e a resposta era sempre a mesma. As chances de termos nosso bebê era menor que 1%, ou seja, impossível. Ainda tenho aquela carta que me deixou devastada na qual me aconselhavam a adoção ou a procurar m doador de esperma.

Nunca falhei um dia de prática, mas nada mudou e a tensão foi se acumulando. A estas alturas, John realmente estava preocupado com o modo pelo qual eu estava enfrentando a situação, e me pediu para considerar a doação de esperma e jurou que amaria o bebê com todo seu coração. Mas sabia que não podia seguir essa estrada enquanto não tivesse esgotado todas as possibilidades possíveis. Não podia desistir.

Por mais difícil que fosse continuei a praticar duas horas por dia e compreendi que de algum modo precisava tomar outras iniciativas. Inesperadamente surgiu uma oportunidade de participar de um curso de estudo sobre

---

*Pergaminho que os seguidores do Budismo de Nitiren recebem quando iniciam a praticar. Veja explicação detalhada no capítulo dezesseis.

o Budismo no Japão e apesar de não estar preparada para tais despesas decidi ir assim mesmo.

O curso foi inspirador e comovente. Encontrei muitos japoneses que praticavam há vários anos e todos me acolheram calorosamente. Lembro-me do conselho que me davam em continuação: 'Aconteça o que acontecer nunca abandone a prática'.

Quando retornei a situação continuava a mesma, mas eu me sentia mais determinada que nunca e não diminuiria as duas horas de prática enquanto não tivesse meu bebê nos braços. Decidimos que precisávamos de uma segunda opinião médica a fim de explorar todas as possibilidades. O conselho foi o mesmo e a este ponto, John passou a me implorar que aceitasse a doação de esperma. Mas um dia, no canto de uma sala de espera em Harley Street quase que escondido atrás de uns papéis num quadro de anúncios, vi um pequeno anúncio falando de um tratamento especial de fecundação artificial. Agarrei-me a esta minúscula possibilidade, mas havia um grande incoveniente, a clínica estava localizada em Bruxelas. John fez de tudo para dissuadir-me porque temia outra desilusão. Mas me sentia forte e iniciamos nossas visitas a Bruxelas.

Não eram fáceis. Todo tipo de obstáculo parecia vir em nossa direção. Inexplicavelmente perdemos as passagens. Calculamos mal o fuso horário e chegamos à consulta com uma hora de atrazo. Perdemos nossa reserva por causa de vôos super lotados. Mas lembrava-me bem dos conselhos que havia recebido: obstáculos surgem sem dúvida quando transformamos nossa vida profundamente e precisamos ser perseverantes e determinados para seguir adiante.

O conselho em Bruxelas foi um pouco diferente. A possibilidade de conceber um filho nosso era abaixo de 1% porque John continuava a produzir espermatozóide com pouca motilidade. Mas se ele pudesse produzir um mínimo de esperma com maior motilidade, então seria possível criar embriões para o implante, e não viam razão pela qual isso não fosse possível. Realmente dependia da nossa força de vontade e persistência. Guardei aquela folha com o diagnóstico e o parecer do médico.

Agora era preciso a coragem dos dois. As duas horas por dia eram parte integrante da minha vida. Não era fácil, mas nada me faria desistir. John concordou em recitar para ter a possibilidade de produzir espermas com motilidade.

Minha vida mudou completamente no período de um ano. Tinha me casado e tinha passado do desespero em ter um filho nosso à esperança de poder realizar esse sonho. John passou de uma pura oposição a prática, ao encorajamento. Algumas semanas depois voltamos à Bruxelas para o evento crucial. Seriam capazes de produzir embriões nessa visita ou mais uma porta se fecharia. No dia em que John tinha que colher a amostra, fiquei no carro recitando por uma hora antes de entrar na clínica. Quando analisaram a amostra, os médicos não podiam crer aos seus olhos. O número de espermatozoides com boa motilidade era mais que suficiente. Tudo era possível.

Trinta e seis horas mais tarde nós recebemos um telefonema no hotel quando nos disseram que foram capazes de criar um grupo de embriões em perfeita saúde. Não consegui dormir aquela noite e mal consegui recitar na manhã seguinte de tão nervosa.

Mas ainda havia dificuldades. Enquanto estava na sala operatória e John esperava fora nossa mala foi roubada do consultório com nossos passaportes, dinheiro e cartões de crédito. Éramos pobres indigentes em Bruxelas. Mas isso não era nada em comparação a grande vitória obtida e ao forte entusiasmo que emanava do meu coração. Nem me lembro como saímos daquele apuro o qual, no momento, parecia trivial.

Continuei a recitar por duas horas diariamente e a esperar. Minha gravidez foi, talvez, o período mais feliz da minha vida. Nove meses depois, ou melhor, oito para ser precisa, porque não podia mais esperar, nasceu meu maravilhoso filho, nosso filho.

"Não sou capaz de pensar em área da minha vida que não tenha sido transformada pela coragem e determinação que desenvolvi através da minha prática."

CAPÍTULO SEIS

Estados da Mente

O Budismo procura explicar a realidade da vida cotidiana. Nunca a apresenta segundo um ideal utópico ou uma visão abstrata. É absolutamente real, tão real que podemos quase tocar com as mãos. É uma análise rica e detalhada da natureza da vida humana, baseada em observações e percepções, mas também na inspiração de pessoas excepcionais dotadas e iluminadas as quais chamamos Budas. Não é abordagem científica, mas podemos traçar muitos paralelos com as observações científicas, e não é por acaso que a Sociologia moderna tem se interessado em muitas das conclusões traçadas pelo Budismo quanto a essência da vida humana. Como escreveu o filósofo e historiador Arnold Toynbee: "Que eu saiba, a análise budista da dinâmica da vida é mais detalhada e profunda que qualquer outra análise moderna elaborada no Ocidente."

O conceito dos dez mundos ou dos dez estados vitais constitui uma análise da dinâmica da vida. Seu propósito é o de descrever para nós de modo sistemático, portanto prático e útil, algo que todos experimentamos, mas que não prestamos muita atenção considerando como parte normal das nossas vidas. Esse "algo" é a capacidade de mudar nosso estado mental a cada momento no decorrer do cotidiano.

Sabemos que nosso estado vital, que a coletânea das nossas emoções, muda em continuidade durante o dia influenciado pelo constante fluir dos nossos pensamentos e pela sequência de eventos externos. Nossa mente é como o mercúrio, rápida em responder a cada estímulo. Tudo o que percebemos e experimentamos urge uma reação. Cada hora é diferente, cada minuto, às vezes cada segundo, tão rápida é a nossa mente ao responder aos estímulos que estão ao nosso redor.

Sendo que o Budismo se ocupa, na sua maior parte, de nós, comuns seres humanos, elaborou o conceito dos dez estados da vida para explicar o funcionamento da nossa mente. É importante esclarecer que esses estados da vida não são lugares concretos. Esses estados são puramente subjetivos, ou seja, são os estados da nossa mente.

À primeira vista este conceito pode parecer no mínimo implausível, reduzindo a vasta gama das nossas reações em constante mudança a somente dez estados. Mas detenha seu julgamento até não ter explorado o conceito mais profundamente. Vale a pena lembrar que essa estrutura passou o teste do tempo. Ainda, superou a importante prova do pragmatismo, porque se tivessem postulado cinquenta ou cem estados da vida, por exemplo, teria sido um método de reflexão sobre a vida pouco funcional e prática.

Esse é um ponto fundamental. A teoria dos dez estados da vida, enquanto princípio fundamental do Budismo, não foi criado para as prateleiras das biblotecas nem para o sofá do Psicanalista. Tem valor porque é útil na vida cotidiana. Dá-nos uma espécie de mapa de A a Z do nosso estado vital interior. Você se encontra aqui e agora para onde quer ir? Através dessa estrutura o Budismo nos oferece atencioso e detalhado, e acima de tudo objetivo guia para nos ajudar a compreender em que ponto nos encontramos na nossa vida subjetiva ou emocional, para que possamos vê-la com clareza e intervir. Se como diz o Budismo, o sofrimento e a felicidade não dependem de fatores externos e sim de fatores internos; compreender melhor onde estamos em contraste com onde gostaríamos de estar, é informação de importância vital. Certamente podemos dizer: em que outro lugar podemos encontrar esse tipo de informação? E não se trata de uma questão superficial. O estado de vida em que nos encontramos a cada momento afeta tudo em nossas vidas, como nos sentimos, como pensamos, como agimos, até como aparentamos, sem dizer como nosso meio ambiente reage a nós.

Com um momento de reflexão podemos todos reconhecer a verdade nisto. Quando estamos no estado de ira por exemplo, o transmitimos instantaneamente através de faces coradas, músculos faciais tensos e um tom de voz mais elevado. Esses indícios provavelmente desencadearão tensão no ambiente e todos os presentes reagirão de acordo prestando mais atenção ao que está acontecendo. Se a tensão é interrompida com uma anedota ou uma risada, esta desaparece em um instante, os músculos da face se descontraem, a voz abaixa, os olhos perdem aquele brilho peculiar e se a energia acumulada no ambiente se reduz. Como nos sentimos naquele momento de tensão, o que pensamos, como agimos, como é o nosso aspecto físico e como reage o ambiente a nossa volta está tudo contido nesta teoria.

Outro aspecto importante para enfatizar é que estes dez estados da vida não são respresentados como em uma escada onde podemos subir ou descer gradualmente. Estes dez estados representam o inteiro universo da nossa mente. Movimentamo-nos de uma parte desse Universo para outra em um instante, dependendo daquilo que se passa na nossa mente e ao nosso redoz a cada momento.

Há problema fundamental quanto a exprimir esse conceito. A atividade da nossa mente é tão rápida que as palavras, em comparação, tornam-se lentas e incômodas, que qualquer descrição verbal do caleidoscópio mutável que pode assim representar a nossa vida subjetiva e emocional resultará inevitavelmente irreal e cansativa. É mais ou menos como caminhar no cimento fresco, os movimentos são lentos e caricaturescos.

Tendo isto em mente, vamos ver rapidamente quais são os dez estados da vida.

Inferno

O Inferno é o estado de maior sofrimento e depressão, frequentemente caracterizado de sensação de inutilidade. Sentimos não poder escapar da dor que sentimos, podemos somente suportá-la. Existem vários graus obviamente, que variam de uma experiência superficial por ter passado um dia terrível no trabalho onde nada deu certo e tudo vem contra nós, ao pânico e desespero por perder o emprego e não saber onde ir procurar trabalho, à profunda dor pela perda de um filho ou pessoa querida e pensamos que o mundo vai desabar. Sentímo-nos triste dentro e tudo parece cinzento e nublado ao nosso redor.

Todos nós reconhecemos a realidade desse estado, é um aspecto da nossa vida. Os exemplos são variados e numerosos, tanto quanto as pessoas que os viveram. Uma vez vivido, o estado do Inferno permanece em nossas mentes por muito tempo e às vezes para sempre.

Dizem que esses estados vitais têm um aspecto positivo e um negativo, mas como é possível que o Inferno tenha um aspecto positivo? O Budismo diz que sim, porque o sofrimento profundo pode ser forte estímulo para a ação enquanto nos constringe a encontrar a força vital que necessitamos para sair do imenso abismo no qual nos encontramos. Ainda é ótimo professor, sendo que por tê-lo experimentado pessoalmente, somos muito mais capazes de compreender e sentir compaixão e encontrar os meios mais apropriados para ajudar as pessoas que se encontram na mesma situação como descreve a história de Joanna narrada no fim desse capítulo.

Fome

Falamos brevemente desse argumento anteriormente, mas para completar o quadro, o estado de Fome é aquele de insatisfação mais ou menos permanente porque perdemos o controle dos próprios desejos e das próprias aspirações. O verdadeiro problema é a falta de controle. os desejos são inerentes a nossa natureza humana e de certa forma são essenciais à vida. Os desejos nos motivam para suprir nossa necessidade de alimento, calor, amor e amizade e nos movem para satisfazer nossa necessidade de status, reconhecimento, recompensa e prazer. Novamente existem muitos graus desse estado de vida que variam desde as queixas fastidiosas, mas suportáveis, como a vontade de ter algo novo ou uma experiência diferente, até o estado em que a Fome se torna um fim em si mesmo nunca havendo a possibilidade de satisfazê-la. Vivemos perseguindo um desejo atrás do outro sem nunca provar um senso de realização. Assim que o desejo é alcançado a Fome volta a nos atormentar com outra coisa que deve ser possuída. Uma palavra mais apropriada para descrever esse estado é o termo ganância, que talvez esteja um pouco fora de moda. Já que o que possuímos nunca é suficiente, nos encontramos prisioneiros em um mundo frustrante de ânsia, outro tipo de inferno. Estamos à beira do vício, e como a maioria dos vícios, está associado a uma grande quantidade de sofrimento não só para nós mesmos, mas também para os outros a nossa volta.

O que dizer sobre o lado positivo da fome? Há enorme quantidade de energia e entusiasmo que são típicas desse estado. Se tal energia pudesse ser direcionada não para fins egoísticos, mas, para satisfazer as necessidades dos que em várias formas, têm menos fortuna que nós, nesse caso a fome pode mover montanhas e proporcionar grandes conquistas.

Animalidade

Como o título sugere, Animalidade define o estado de vida no qual somos praticamente movidos pelo instinto, com pouco ou nenhum espaço para o raciocícnio ou para considerações morais. É o estado no qual o mais forte ou o mais competente tiram proveito dos mais fracos ou menos competentes para satisfazer os próprios fins sem incomodar-se com os direitos dos outros ou a ética.

Essa condição é frequentemente descrita como a lei da selva, mas nos dias de hoje podemos falar mais apropriadamente de vandalismo e comportamento anti-social. Os que se encontram nessa condição não se importam com o sofrimento e ansiedade que possam causar aos outros. Pode-se argumentar que estamos sendo injustos com os animais associando-os a esse tipo de comportamento quase de psicopata tipicamente Humano. Mas em subastância, este estado é caracterizado pela ausência de sabedoria e completa falta de juízo. No estado de Animalidade não interessa se nosso comportamento é justo ou não, continuamos pela nossa estrada sem nos incomodar minimamente com as exigências ou sentimentos dos outros. Da mesma forma, damos pouca importância às leis ou regras criadas para manter a tranquilidade nos ambientes urbanos super populosos.

Esses três estados são conhecidos no Budismo como os três caminhos do mal, não por serem associados ao mal intenso no sentido convencional, mas porque são as principais causas dos grandes sofrimentos. Podem destruir a vida ou torná-la insuportável. As pessoas que vivem nessas condições tendem a permanecer prisioneiras delas, passando de um estado a outro, controladas pela avidez causando sofrimento e dor e criando pouco valor para a própria vida ou para a dos outros. Podemos defini-los como estados de vida de desespero, e uma das virtudes que tem origem no conhecimento dos dez estados de vida é que pode nos trazer consciência da nossa condição e agir como um potente estímulo para que possamos sair desse círculo vicioso. Poucas pessoas querem permanecer no estado do Inferno, Fome ou Animalidade, uma vez conscientes de serem prisioneiros deles.

Ira

A Ira é o estado no qual a vida é dominada não tanto das manifestações externas de raiva, através de gritos, ameaças ou demonstrações de mau-humor e das constantes exigências do ego. Ao centro deste estado há o senso de superioridade em relação aos outros com todas as distorções de perspectiva que o acompanha. As consequências são as imprevistas explosões de ira que parecem vir do nada, surpreendendo tanto quem manifesta a raiva como quem é sua vítima. Mas podem existir muitos outros tipos de comportamento destrutivo como, por exemplo, uma exagerada intolerância, sarcasmo, sinismo, falta de gratidão e crítica constante quanto aos outros. As pessoas que se encontram no estado de Ira têm tanta dificuldade de estar consigo mesmas, quanto os outros têm dificuldade de se relacionar com essas pessoas, isso pelo fato de que não têm nenhum controle sobre a origem de tal cólera.

Não é necessário dizer que essas explosões de cólera podem causar efeitos destrutivos nos relacionamentos pessoais. Em nível mais amplo, na Sociedade, a cólera no sentido de sentimento de superioridade é a base de uma gama de injustiças, do racismo da intolerância religiosa, da opressão das mulheres e grupos minoritários.

Mas há o lado positivo da coléra, podendo ser um grande motor para o sucesso. Pode ser uma forte e energética motivação em direção a mudanças, na luta contra a apatia, por exemplo, ou no promover causas em prol da dignidade do indivíduo.

Mais uma vez a chave para superar o lado destrutivo da cólera está no autoconhecimento e na conscientização. Não é emoção que podemos ignorar ou redirecionar de fora para dentro. Cada indivíduo deve lutar para modificar sua condição de vida de dentro para fora.

Tranquilidade

O estado de Tranquilidade é onde nos sentimos calmos e temos controle de si, mais ou menos estamos em paz com nós mesmos. Fundamentalmente é um estado neutro onde nada nos aborrece ou nos entusiasma. Nada provoca sentimentos extremos. É chamado de estado de descanso porque nos dá a possibilidade de carregar a bateria. O estado de tranquilidade é caracterizado por várias qualidades positivas como a razão, o julgamento racional, a consideração pelos outros e a capacidade de distinguir claramente entre verdadeiro e falso. Quando nos encontramos nesse estado procuramos ativamente chegar a acordos evitando conflitos, colorimos as circustâncias ao invés de sermos supercríticos. Pode representar o momento das desculpas depois de ter perdido o controle por alguma razão, ou talvez o momento em que nos esforçamos ao máximo para não perder o controle quando alguém se comporta de forma irracional.

O aspecto negativo desse estado poderia ser caracterizado por certa apatia que se manifesta na aceitação em longo prazo de uma situação insatisfatória ou a uma falta de vontade em esforçar-se.

Alegria

Já discutimos até certo ponto o estado de alegria quando falamos de felicidade. O estado de Alegria representa o que no Budismo é descrito como felicidade relativa. Como diz a definição, é aquela onda de bem estar e exaltação que provamos quando obtemos algo que muito desejamos. Traz consigo um senso de satisfação pessoal e de entusiasmo pela vida e aquela energia que sentimos quando conseguimos algo pela nossa dedicação e empenho. Ainda, quando viajamos de férias ou quando nos apaixonamos. O ideal moderno de amor romântico seja talvez a melhor metáfora para descrever o que entendemos como êxtase. Foi dito que na cultura moderna o desejo pelo amor romântico é tão forte ao ponto de substituir a religião como fonte de satisfação espiritual. Por mais excitante e exuberante que seja, por mais que possa enriquecer nossas vidas, a realidade é que o êxtase, pela própria natureza, tem vida breve, um repentino momento de prazer no andamento normal de nossa vida.

Ainda que muitas pessoas nos dias de hoje tendem a considerar esse estado essencialmente instável como o mais elevado estado da vida e sonham com um modo de torná-lo permantente dentro de suas vidas, o Budismo nos ensina que a ideia de uma alegria permanente é simplesmente irreal. O simples passar do tempo ou uma pequena mudança de circunstâncias e a alegria se acaba para ser substituida por outro estado da vida, outro sentimento. É transitório por definição e o desejo que seja permanente, que faça parte de nossa vida para sempre é ilusão que irá somente causar sofrimento.

Esses seis estados, do inferno à alegria, descrevem a realidade da vida para a maioria de nós e um dos pontos chaves do Budismo de Nitiren é que experimentamos esses estados, sobretudo em reação as mudanças do nosso ambiente. Estão rigorosamente inter-relacionados e escorregamos sem dificuldade de um para o outro. Na medida em que flutuamos de um estado para o outro, estamos simplesmente a mercê das circunstâncias externas, vamos para cima, vamos para baixo, agora para a esquerda, agora para a direita. Vivemos em condição extremamente vulnerável porque significa que o nosso estado vital, ou seja, a nossa identidade, o que pensamos e provamos, o nosso comportamento e o nosso aspecto dependem daquilo que acontece ao nosso redor. Somos felizes se as coisas estão aparentemente bem e infelizes caso contrário. Somos como uma folha ao vento. Não é uma situação que vai nos trazer uma felicidade duradoura nem a melhor maneira de viver.

Os quatro estados restantes são muito diferentes, são chamados de os Quatro Nobres Estados: Erudição,

Absorção, Bodhisattva e Buda. Podemos dizer que representam o grande potencial da vida humana porque nesses estados não reagimos simplesmente às condições impostas pelo nosso ambiente, mas tomamos controle de nossas vidas para desenvolver ao máximo nosso potencial. Elas são marcadas por esforço considerável necessário para atingi-las.

Erudição e Absorção

O sétimo e oitavo estados são frequentemente considerados juntos porque estão fortemente relacionados. Ambos baseam-se em forte desejo de auto-melhoria ainda que por meios diversos. A Erudição descreve o processo de estudo assimilando o conhecimento dos outros e aplicando-os na nossa própria vida. Pode-se, de certa forma, comparar com o aprendizado, com a nossa habilidade de adquirir conhecimento.

O estado de Absorção, por sua vez, descreve o processo de reflexão interior que nos permite desfrutar do conhecimento adquirido ou das experiências pessoais que nos levaram a um nível diferente de compreensão da vida. Nesse sentido, pode ser comparado à nossa sabedoria ou intuição.

Aqueles que estão envolvidos na vida profissional com as áreas do aprendizado e do saber, como por exemplo, os professores, médicos, cientistas e escritores, provavelmente passam mais tempo nesses estados que a maioria nós, mas aplica-se igualmente a qualquer tipo de aprendizado ou reflexão: desenvolver uma nova habilidade ou fazer uma especialização para obter trabalho melhor, praticar um hobby ou passatempo, visitar uma exposição, participar de uma discussão para compartilhar as próprias experiências.

Porém esses estados também possuem seus aspectos negativos. O conhecimento pode trazer com si certo senso de superioridade em confronto aos que não o possuem, por exemplo, Médicos e seus Pacientes, Professores com seus Estudantes, Cientistas e a ignorância do público em geral.

Até este ponto todos os estados vitais foram nomeados com palavras simples, inferno, fome, ira, palavras de uso comum. Os dois próximos estados são definidos com palavras que não usaremos em nenhum outro contexto. Boddhisattva e Buda não são termos insólitos somente, mas são especificamente expressões técnicas derivadas diretamente da literatura Budista. O fator mais importante é ir além do termo em si para poder relacioná-lo a nossa experiência cotidiana.

Bodhisattva

A característica principal do estado de vida de Bodhisattva é o cuidado com os outros, ocupando-se de sua segurança e Bem-Estar em geral, como passando tempo com uma pessoa idosa ou dedicando-se a obras de caridade, empenhando-se de várias maneiras para dar apoio e melhorar a vida dos outros. Lembre-se que segundo pesquisas feitas na Psicologia moderna, tal comportamento é uma das caracterícas principais para alcançar a felicidade nessa vida.

No coração desse estado há o desejo não somente de ajudar aos outros, mas de aliviar a causa da dor e sofrimento em geral e substituí-la por um amplo bem estar. De fato, um dos meios mais eficientes para sair dos estados de Inferno, Animalidade e Ira é encontrar o modo de contribuir, mesmo que pouco, para a vida dos outros.

O primeiro exemplo desse grau de compaixão pelos outros seja talvez a dos pais, cuja preocupação com os filhos é incondicional. Nada é demais. As mães podem ser completamente dedicadas à saúde, crescimento e felicidade dos filhos. Outro exemplo óbvio pode ser a dos enfermeiros, dos médicos, dos assistentes sociais ou os membros de uma organização humanitária, prontos a colocar-se em dificuldade e até mesmo em situações perigosas, como por exemplo nos Países em desenvolvimento onde riscam a própria vida devido as circustâncias que os circundam, para aliviar a dor de seres com os quais não têm nada em comum exceto o fato de serem ambos humanos. Vale mencionar que, em geral, as pessoas cujo estado de vida dominante é o de Bodhisattva não recebem nenhuma recompensa ou reconhecimento público, sendo que não é este o objetivo delas. Vivem muitas vezes em condições financeiras precárias, dedicando-se para aliviar as condições dos outros e melhorar seu estado vital, motivadas por uma grande compaixão. Essa é a fonte da grande alegria e satisfação que essas pessoas provam e que obviamente há as suas vantagens. Tornam-se seres humanos melhores dando mais de si aos outros.

O Budismo diz, porém, que o estado de Bodhisattva não deve representar sacrifício ou privação no sentido de abandonar os cuidados com si mesmo. Suprindo as nossas necessidades e assegurando nosso Bem-Estar podemos nos dedicar ao cuidado com os outros de forma mais eficaz. Para isso devemos antes desenvolver nosso estado vital mais forte e determinado.

Buda

O estado de Buda é descrito como o nível mais alto que o ser humano pode alcançar. Nada a mais e nada a menos. É nome ou definição carregada de muitos mal entendidos e conceitos errôneos, assim, é difícil para nós acreditarmos que é um estado vital que pode ser alcançado pelo ser humano comum, como as pessoas que encontramos no nosso cotidiano, o passageiro do ônibus ou do trem por exemplo. Mas não devemos permitir que pequenos obstáculos nos desanime. Nitiren Daishonin também enfrentou estes problemas. Também no seu tempo, Buda significava essencialmente um estado de vida atingido num passado remoto por Sakyamuni amplamente considerado como uma figura divina.

Foi Nitiren através dos estudos das escrituras budistas incluindo as próprias palavras de Sakyamuni que trouxe a palavra Buda de volta à terra, ao mundo dos comuns mortais. Nitiren deixou claro que Sakyamuni foi sempre um ser comum, ainda que dotado de grande sabedoria e consciente da verdadeira natureza da vida. A grandeza de Sakyamuni, segundo Nitiren, está propriamente no seu comportamento como Ser Humano.

Nitiren esclareceu que o despertar de Sakyamuni não era uma condição sobrenatural, de qualquer forma elevada acima da vida normal. Não era uma condição transcendental, um paraíso de paz e tranquilidade fora da realidade concreta da vida cotidiana. Este é o ponto chave que Nitiren pregou por toda sua vida sem descanso. O estado de Buda não é apresentado como um tipo de elevação, ou um nível ou plano de vida mais alto no qual podemos ingressar negando nossa natureza humana. Ao contrário, é rica e mais profunda compreensão de nossas vidas como ela se apresenta, de forma que tudo que faz parte de nossas vidas, incluindo os momentos de tédio e banalidade e até de dificuldade e sofrimento possa ser experimentado como felicidade.

Vivendo os Dez Estados

Podemos encontrar relação entre os dez estados e a realidade das nossas vidas? Acredito que não é preciso análise profunda para reconhecer na nossa vida os dez estados descritos, do Inferno e Fome, à Erudição, Absorção e Bodhisattva.

Não existe barreira entre esses estados vitais, portanto nos movemos de um para o outro com grande rapidez e total liberdade de acordo com o que acontece na nossa vida ou nosso ambiente a cada momento. O Budismo de Nitiren justifica essa facilidade de movimento explicando que cada estado vital contém em si todos os outros. Podemos estar nesse momento no estado de tranquilidade, em paz com o mundo, mas todos os outros estados são latentes dentro de nós. Em um momento podemos passar à Ira ou ao Bodhisattva, ou ambos em rápida sucessão. Podemos, por exemplo, provar Ira no tráfego, causada por um rio de automóveis que não param para que um velhinho, claramente em dificuldade, atravesse a rua. Assim, paramos, descemos do carro e ajudamos o velhinho a chegar a salvo do outro lado da rua.

Se refletirmos sobre essa justaposição, ainda que por um breve instante, chegamos à conclusão que se esse conceito não nos tivesse sido oferecido, teríamos que inventar algum para explicar o comportamento constantemente em mudança e muitas vezes contraditório que todos nós demonstramos ou experimentamos no decorrer da nossa vida.

Não estamos acostumados a definir esses estados mentais, mutantes e oscilantes como "estados vitais", conforme descreve a terminologia budista. De fato, damos tão pouca importância a eles que não nos preocupamos nem mesmo em nomeá-los. Mas somos capazes de reconhecê-los rapidamente quando presentes na nossa vida ou quando outros nos fazem notá-los.

Aceitar essa teoria é muito importante para compreender o Budismo de Nitiren. De fato nos leva a promessa essencial feita por Nitiren – é possível experimentar o estado de Buda *nesta vida*, independentemente da condição em que nos encontramos em um dado momento. Temos dentro de nós o potencial para transformar o desespero do estado de Inferno na compaixão do estado de Bodhisattva ou na grande esperança e positividade característica do estado de Buda.

A Normalidade do Estado de Buda

Essa é a base do argumento fundamental do qual já falamos mais de uma vez – o estado de Buda não é em forma alguma um estado de vida sobrenatural, muito ao contrário, é um estado extremamente humano e contém em si todos os outros estados vitais normais. Sakyamuni e Nitiren eram homens normais que, todavia obtiveram o mais alto estado vital durante suas vidas na terra. Dessa forma o grande conforto do Budismo de Nitiren vem do fato que o estado de Buda não é um objetivo distante e inascessível que se consegue somente depois de várias existências, mas é um objetivo imediato e terreno dentro da nossa prática cotidiana.

De fato, o estado de Buda pode existir somente com a presença dos outros nove estados e pode se manifestar somente na vida dos comuns mortais: nós. Isso significa que todos os dez estados incluindo aqueles mais baixos de Inferno, Fome, Ira e Animalidade, fazem parte integrante da nossa vida, não podemos eliminá-los nem distanciá-los de algum modo. Fazem parte da vida de todos. O que devemos fazer se quisermos construir uma vida melhor para nós e para os que estão ao nosso redor, é encará-los face a face e através da prática budista, transformá-los de aspectos negativos em aspectos positivos em nossa vida. Sem duvida, esse é um dos aspectos mais interessantes do Budismo de Nitiren, uma característica capaz de produzir transformação em nós mesmos. Segundo esse princípio, podemos tranformar um sentimento de insatisfação, de infelicidade e até de culpa ou do qual nos envergonhamos e transformá-lo através da prática em uma fonte de valor nas nossas vidas. Não devemos renunciar a nada. Nada deve ser abandonado porque não há nada no contexto de nossas vidas que não possa ser modificado.

É uma mensagem rica de esperança e imenso otimismo. Quando chegamos ao fundo do poço e aparentemente não temos nenhuma saída, podemos fazer surgir do nada a esperança, a energia e a força vital da nossa natureza de Buda para desafiar a situação e começar imediatamente a tranformá-la.

Esse conceito é parte integrante do que queremos dizer quando falamos de tomar a responsabilidade pela própria vida. Uma explicação da palavra responsabilidade é a habilidade de responder, podemos sempre escolher a forma como reagir.

Essa é a razão pela qual, muitas pessoas descrevem a prática do Budismo de Nitiren como revitalizante. Sentem que as ajuda a ter maior controle sobre suas vidas ao invés de serem dominados pelas circunstâncias a sua volta. De certo modo é variação da analogia do levantador de peso. Segundo o ponto de vista do Budismo, não podemos desenvolver músculos fortes a não ser através do levantamento de peso. Da mesma forma, só podemos desenvolver nossa força interior superando os obstáculos. Como disse Daisaku Ikeda:

"A verdadeira felicidade não significa ausência de sofrimento; não se pode esperar que todos os dias sejam um mar de rosas. A verdadeira felicidade consiste em formar uma identidade tão sólida que continue sempre digna e indomável como um palácio imponente, faça sol ou faça chuva."

A História de Joanna

"Eu estava morando no interior com meus dois filhos, Joseph de quatro anos e Gupi que era somente um bebezinho de seis meses. Eu e meu marido tínhamos nos separado durante minha gravidez e me transferi para o inteior com eles. Sentia-me só e abandonada e posso dizer tinha muita dó de mim mesma.

Um dia uma amiga que não via há algum tempo, veio me visitar. Começou a falar do Budismo de Nitiren e de como poderia me ajudar na minha situação. Apesar do meu pouco entusiasmo, não tinha nada na minha vida com que combater seus argumentos, assim para fazê-la calar mais do que qualquer outra coisa, aceitei sua sugestão de provar sua prática budista. Concordei de recitar por dez minutos durante cem dias.

Na época não acreditava de ter feito tal promessa. Mas assim foi e sendo uma pessoa do tipo determinada, mantive minha promessa assim como mantinha meu hábito de correr às seis e meia toda manhã com sol ou chuva e com Joseph e Gupi no carrinho. De certo modo encarava da mesma forma. Agora tinha duas rotinas, correr de manhã cedo e recitar por dez minutos. Desde o início, recitar parecia uma coisa bastante natural, mas estranha. De fato, pra dizer a verdade, me sentia um pouco zangada por aceitar de fazer uma coisa que era completamente estranha ao meu modo de ser, e continuar porque havia prometido. Mas aos poucos comecei a sentir-me diferente. É difícil descrever, mas é como se a neblina estivesse se desfazendo e pudesse ver as coisas com maior clareza. A vida parecia menos

133

desencorajante e de certo modo mais intensa e agradável. Comecei a compreender que a prática poderia de fato ajudar-me a conseguir aquilo que queria na minha vida.

Passei de dez a quarenta minutos de recitação e comecei a ir às reuniões apesar de, com toda sinceridade, não parecia ter nada em comum com as pessoas que lá encontrava. Mais tarde provaria enorme gratidão por essas mesmas pessoas, das quais no início me sentia tão distante. Tornaram-se pessoas muito próximas a mim e me apoiaram de um modo completamente único que não havia mais experimentado na minha vida.

O modo como via minha vida pessoal começou a se transformar radicalmente. Percebi que de um modo ou de outro tinha sempre sido mimada e privilegiada, e quando me encontrei em uma situação de pobreza e abandono sem ninguém que me ajudasse ou sustentasse, me senti maltratada pela vida que tinha sido injusta comigo. Essa foi minha reação básica. Era extremamente infeliz, mas orgulhosa demais para abrir-me com os outros e pedir ajuda. Aceitava minha infelicidade pelo que era e andava avante. Mas, continuando a prática comecei a ver as coisas de forma bem diferente. Compreendi que ninguém me devia nada e que era meu dever tomar a responsabilidade pela minha própria vida naquele momento. Continuei a praticar pelo equilíbrio que o Budismo me propiciava. Gupi, meu filho mais jovem que a esse ponto tinha já quatro anos, de repente ficou muito doente. Ele tinha dores de estômago fortíssimas que não passavam. Ainda que o médico tivesse dito que se tratava de uma infecção intestinal e que ele melhoraria em breve, resolvi procurar a opinião de outro médico. Gupi foi internado imediatamente em um hospital local. Passamos uma noite lá que nunca me esquecerei. Gupi continuava com as dores fortíssimas e eu recitando ao seu lado.

Uma ecografia revelou que tinha muitos tumores em um dos rins. Fomos transferidos imediatamente de ambulância para um hospital regional onde, a esse ponto com fome e exausto, teve que suportar novos exames e outra ecografia. Os resultados trouxeram boas e más notícias. Gupi, disse o doutor, tem câncer realmente, mas do tipo que apresenta 98% de chance de cura através de quimoterapia. Estava chocada. Lembro-me que abri a janela para tomar um pouco de ar e pensei em todos os casos de doença em minha família com mortes trágicas. Não iria permitir que isso acontecesse a Gupi. Gupi iria derrotar aquele carma de família.

O tratamento foi iniciado imediatamente. Gupi insistiu em assitir enquanto lhe davam os vários remédios através de um tubo colocado em sua mão. Disse que queria ver o que estava acontecendo senão ficaria apavorado. Durante toda a semana, os Budistas que moravam nas vizinhanças vinham me confortar, e recitavam comigo por horas naquele quarto de hospital. Senti-me muito encorajada e recitar tinha se transformado na minha tábua de salvação. Depois daquela semana, Gupi teve alta e tinha que voltar ao hospital uma vez por semana para os tratamentos de quimoterapia. Não levou muito tempo para que compreendêssemos que as coisas andavam de mal a pior e que Gupi ia ter que ser operado para remover o tumor. Disseram que poderia morrer em sala operatória.

Um grupo de nós recitou por todo o tempo em que durou a operação com toda a coragem possível. Estava tão amedrontada que quando vieram dizer-me sobre o êxito da operação, não conseguia nem escutar o que estavam dizendo. Eventualmente percebi que estavam tentando dizer-me que tudo tinha corrido bem. Quando me lembro daquele momento, o que mais ficou na minha memória foi a atitude forte e positiva apesar do que estava acontecendo. As visitas que passavam pela porta olhavam dentro e diziam: Posso entrar? É agradável aqui. Havia uma atmosfera especial naquele quarto ainda que Gupi estivesse em sério tratamento. É essa a lembrança que ficou na minha mente. Gupi que saltitava pelo corredor como se pudesse de alguma forma perceber o nosso otimismo.

Depois disso tivemos três meses de pausa em casa. Gupi parecia estar um pouco mais forte. Uma nova ecografia de controle revelou um nódulo que se formou na cavidade de onde tinha sido removido o rim. Tinha medo do resultado dos outros exames. O câncer havia retornado pra valer. Disseram-me que não havia muito mais o que fazer por ele.

Senti-me como se estivesse em uma armadilha, mas não me senti derrotada. Sentia uma raiva feroz contra a negatividade que havia tomado conta de nossa vida. Sentia-me uma guerreira e não iria desistir a nenhum custo. Decidi recitar sete horas por dia como um desafio. Foi dificílimo. Quando fiz essa determinação, não tinha idéia como seria possível mantê-la. Levantava-me às três da manhã e me dirigia ao Gohonzon para concentrar as forças. Continuei assim por pouco mais de três meses. Muita gente vinha e recitava conosco e havia apoio constante dos membros locais da SGI. Gupi começou a demonstrar sinais de recuperação. Melhorou tanto, ao ponto de poder retornar à escola, e às vezes, quando ía buscá-lo, corria ao longo da calçada tentando ultrapassar o carro.

Pensava: *como é possível que deva morrer?* Gupi costumava perguntar-me: *Esse tumor pode me matar? Poderia*, eu respondia, *mas não permitiremos.*

Fez outra ecografia e o médico dizia que não compreendia o que o mantinha em vida. Gupi morreu rapidamente uma manhã, sentado em sua cama. Em um instante estava olhando para mim e depois morreu.

O dia do funeral de Gupi foi o dia de maior orgulho da minha vida. Senti que ainda o tinha em meus braços, meu belíssimo bebê, que era como um daquelas bixiguinhas de helio, alto no céu, mas ainda perto de mim.

A recitação no seu funeral foi extraordinária, com um ritmo incrivelmente dinâmico e enquanto o caixão desaparecia não me deixei dominar pela histeria. Sentia profunda gratidão por ter sido sua mãe e por ter vivido tão próxima dessa pessoa extraordinária com um coração de leão. Havia me levado a lugares que nunca ousaria ter ido sozinha. Graças ao que passei com ele, sei que não há nada que não possa enfrentar. Compreendo o sofrimento Humano. Agora sei que a experiência que Gupi e eu passamos juntos foi minha fortuna. Comecei a praticar o Budismo quando Gupi tinha só seis semanas de vida, e agora sei que devo agradecê-lo. Sou ainda muito emotiva e os problemas não desapareceram da minha vida, mas não estou mais à mercê das minhas emoções. A pessoa que eu era ainda existe dentro de mim, mas sou mais consciente do meu eu maior e mais sábia.

CAPÍTULO SETE

Do Que se Trata o Carma?

Há estreita conecção entre os estados vitais fundamentais abordados no capítulo anterior e o conceito de certa forma ambíguo do Carma. Ainda que todos nós tenhamos os dez estados vitais inerentes nas nossas vidas, cada um de nós os manifesta de modo peculiar, vale dizer, os experimentamos em combinações diversas e com vários graus de intensidade. Mas um ponto chave no Budismo é que nossa vida tende a ser dominada por um desses estados. É certo que experimentamos todos e passamos velozmente de um ao outro durante o passar do dia, mas temos a tendência a permanecer em um ou ao máximo dois desses estados com maior frequência. Com isso queremos dizer que temos características predominantes, ou tendências vitais como define o Budismo.

Alguma coisa parece familiar na nossa experiência pessoal de vida? Se refletirmos por um momento, podemos reconhecer a validade desse argumento, sendo que julgamos os outros essencialmente com base nas suas características dominantes. Todos nós conhecemos pessoas que julgamos irracionais porque se zangam e brigam facilmente, enquanto outras parecem ter caráter extrovertido e solar independentemente do que possa ser perturbador ao seu redor. Há aqueles que sempre encontram tempo e disposição para ajudar os outros e há os que são mais fechados, amam estar sós e demonstram pouco as próprias emoções.

O Budismo diz que esta tendência predominante na nossa vida tem um papel importante em tudo o que nos diz respeito: o que pensamos, o modo como reagimos em diferentes situações, por fim, a expressão de nossa face. É de certo modo uma manifestação do nosso Carma.

Então O Que é Carma?

O conceito de carma é tido como coisa certa por ao menos metade da população mundial, principalmente na Ásia. No Ocidente por sua vez, embora o termo seja talvez mais usado no sentido budista, é também o mais usado de forma inapropriada o que é compreesível já que é muito difícil defini-lo. No Ocidente o Carma é com frequência relacionado com destino, algo inevitável do qual não se pode escapar. Se assim fosse, surtiria obviamente um efeito profundo no que o Budismo declara como objetivo, ou seja, dar-nos a possibilidade de mudar e aprender a viver uma vida mais criativa e completa da qual somos capazes.

O conceito de Carma vem das raízes da Civilização Humana, muito tempo antes de Sakyamuni. A palavra em si deriva do antigo sanscrito e em origem não significava fato ou destino e sim *ação*. Desta forma, é um termo usado no Budismo para descrever a sequência de ações, ou melhor, a concatenização de causas e efeitos que se desenrolam no decorrer da nossa vida. Representa por assim dizer um elo entre o passado, o presente e o futuro ligando todas as ações ou causas que foram feitas no passado com os efeitos que continuam a exercer grande influência nas nossas vidas no presente e continuarão a exercê-la no futuro.

Não é necessário dizer que todos, sem exceção, temos um Carma. Criamo-no em continuação com nossas ações, palavras e pensamentos. Em geral podemos pensar em carma positivo, por exemplo, em termos das ações de compaixão em relação aos outros ou coragem ao enfrentar as dificuldades, e Carma negativo criado ao caluniar os outros ou simplesmente em comportar-se de modo a não considerar o efeito que as nossas ações podem causar aos outros. Ações prejudiciais criam um Carma mais negativo que as palavras de agressão e as palavras por sua vez criam um Carma mais pesado que os maus pensamentos.

Segundo a teoria budista de causa e efeito, esta contínua sequência de causas equivale a plantar sementes na nossa vida que germinarão produzindo efeitos no futuro quando existirem as condições apropriadas. Assim, cada ação feita resulta em uma ação futura em uma sequência ininterrúpta. Isso, em poucas palavras, é o nosso carma, a soma total de todas as nossas causas e efeitos criados na nossa vida. Não é fato nem destino nem algo pré-estabelecido. Lembre-se que não existe no Budismo nenhum poder externo que possa de qualquer forma definir o nosso destino. Nós criamos o nosso carma com base no modo em que escolhemos viver.

Por isso fala-se frequentemente de Carma em termos de hábito ou padrão habitual de pensamento e comportamento. Ao enfrentar situações semelhantes tendemos a reagir de forma semelhante por causa da nossa cármica ou dominante tendência vital. Pessoas que nos conhecem bem podem prever o nosso comportamento e a nossa reação em determinadas circunstâncias. Somos às vezes tão previsíveis que algumas pessoas podem provocar certas reações em nós deliberadamente e tornar cômica a situação. Remoemo-nos com frequência pensando em um algo que fizemos novamente, uma ação que repetimos exatamente do mesmo modo, o mesmo erro de julgamento. Quantas vezes refletimos e nos envergonhamos por causa de uma ação ou reação? Podemos usar a desculpa de termos agido impulsivamente sem refletir, mas é exatamente essa a questão, agindo daquela forma revelamos algo de inerente na nossa própria natureza. Da mesma forma muitas pessoas descrevem com frequência como seus relacionamentos se repetem e se rompem seguindo sempre a mesma trajetória.

Nós Somos o Carma

Dessa maneira o conceito de Carma nos ensina que ninguém é responsável pelo nosso Carma a não ser nós mesmos. Não se ganha nada culpando os outros, pelo contrário, essa atitude nos leva simplesmente a uma repetição de eventos semelhantes. Na realidade estamos negando nossa reponsabilidade pelo que está acontecendo. O Carma é parte integrante da nossa vida, uma parte essencial do que somos hoje. Não podemos obviamente vê-lo nem senti-lo por isso nossa tendência é ignorá-lo, mas faz parte de nós como nossa face e corpo, e de certo modo até nossa aparência física pode revelar a estória da nossa vida.

Carregamos conosco por toda parte como uma mochila nas costas. Não podemos deixá-lo com o resto da mobília em casa e ir para outra parte do mundo esperando de recomeçar tudo do início. Bem, poderíamos abandonar tudo e recomeçar do nada, mas não nos livraríamos das causas e efeitos. Levamos conosco nossa tendência vital dominante e também todos os efeitos latentes de todas as causas que semeamos até agora e que se manifestarão na forma de ações quando existirem as justas condições externas. Nesse sentido, é correto falar de corrente ou algema do nosso Carma, uma metáfora para ilustrar como não podemos fugir de nós mesmos. Todos nós sabemos por experiência própria como nossas ações, boas, más e indiferentes estão gravadas no tecido da nossa vida e exercem ainda hoje grande influência na nossa vida cotidiana. Em última análise, Carma é o nome budista dado a esse conhecimento.

A palavra Carma engloba o conceito que causas e efeitos vêm de dentro e se ainda existem aspectos da nossa vida que nos causam dor e sofrimento, não é através da mudança superficial das circustâncias que obteremos um efeito duradouro. Da mesma forma como mudando de roupa mudamos nossa aparência, mas isso não causa nenhuma mudança em nosso comportamento. Para obter verdadeira transformação, devemos com a ajuda da prática budista, mudar a tendência vital dominante que está na base de nossos problemas. Em outras palavras, devemos mudar dentro.

Quando falamos de mudar-se para outra parte do mundo é importante lembrar que, em termos budistas, carregamos sempre o nosso meio ambiente conosco. Isso significa que nossa tendência vital dominante atrairá a mesma tendência no ambiente a nossa volta, onde quer que estejamos. A compaixão interna atrairá a compaixão e a ira atrairá sempre a ira.

O ponto chave que não posso deixar de enfatizar é que o Carma não é uma coisa externa da qual somos prisioneiros. Isso seria fatalismo. A mensagem do Budismo é infinitamente mais positiva e construtiva, já que se refere à responsabilidade pessoal. Criamos o carma com o resultado de nossas ações. Somos, portanto, totalmente responsáveis por ele e o Budismo afirma que o temos dentro de nós e temos o poder de transformá-lo.

O ponto de partida para qualquer mudança é a consciência de si mesmo, que em si representa um grande passo adiante. Equivale a usar óculos mais potentes com os quais, de repente, tudo parece mais nítido. Tomamos consciência de que nossas ações e decisões não são determinadas pela nossa tendência cármica, mas são profundamente influenciadas por ela. Assim, se Pedro começasse a brigar com Paulo, poderia acontecer que, sendo a Ira, a tendência vital de Paulo, ele reagiria de uma forma agressiva, mas tendo consciência desse fato, Paulo poderia usar de um melhor julgamento da situação e reagir de maneira diferente, usando humor por exemplo e assim quebrar o círculo vicioso. Se uma situação assim acontecesse, certamente amigos que testemunhassem a cena comentariam sobre "o lado novo e inesperado" do carater de Paulo. Paulo mudou seu padrão de comportamento habitual.

Porém, somente o fato de ter consciência não é suficiente para mudar a uma profunda e enraizada tendência cármica. O Budismo ensina que somente através da disciplina de uma prática constante podemos transformar nossa vida dos estados basicamente reativos como por exemplo, a Ira e a Fome, aos estados pro rativos como a Erudição, Absorção, Bodhisattva e Buda. Um dos significados ligados ao processo de recitação budista é "fazer emergir". Mudar o Carma significa fazer emergir o melhor de nossas capacidades, o poder da nossa natureza de Buda.

O Dilema do Carma Herdado

O Budismo nos ensina que nossa entidade vital passa por períodos de existência, a manifestação da nossa vida nessa terra e períodos latentes. Talvez a comparação mais próximo que podemos fazer é com o ciclo diário que se repete quando estamos acordados ou dormindo. Cada período que passamos acordados contém o potencial para o periodo de sono e vice-versa. A ideia de períodos sucessivos de vida manifesta faz surgir a questão primordial: Exatamente que "parte" de nós continua de uma vida ativa para outra vida ativa? Falaremos do assunto em maior profundidade no capítulo quatorze.

O que mais nos interessa no momento é o fato que o Budismo sustém que o Carma vem passado como uma herança de um período para outro. De fato o Budismo ensina que todos os efeitos acumulados em todos os períodos de vida manifesta precedentes, sem exceção, são transmitidos para a próxima vida. O problema do carma hereditário é que se não temos a menos recordação de nossas ações em vidas precedentes, como podemos ser responsáveis pelas mesmas nessa vida? Esse é o núcleo do problema que devemos enfrentar.

É muito difícil para quem não cresceu em cultura Budista ou Hinduísta aceitar a ideia que não somente nascemos com um Carma específico, mas, que o carma é derivado das ações das quais não temos memória, feitas em vidas precedentes, e exerce um papel determinante nas condições físicas da nossa vida atual. É também difícil aceitar que essa teoria seja usada para explicar os diferentes tipos de "sorte", saúde, riqueza e até a escolha de nossos pais. Entre outras coisas, essa teoria poderia ofender nosso senso de justiça e igualdade. Como é possível que devamos sofrer os efeitos de ações que não nos recordamos, por alguém que não conhecemos.

A resposta do Budismo poderia ser que não foi o Budismo a criar o conceito de Carma, nem a verdade da sua Hereditariedade. O Carma não consiste somente em um tema filosófico, uma construção virtual. O Budismo diz que o Carma é uma constatação, é o modo como funcionam as coisas. Paralelamente, as leis Físicas do Universo não foram criadas pelos cientistas, foram simplesmente observadas e descritas à medida que compreendiam melhor o funcionamento do mundo.

Einstein por exemplo não inventou em seu estudo de Berna a famosa fórmula $E=mc^2$. Essa fórmula descreve a extraordinária relação entre energia e matéria que regula o Universo inteiro. Ele observou com sua mente. Da mesma forma o Budismo diz que Sakyamuni,

procurando compreender a vida das pessoas a sua
volta não inventou a lei do Carma Hereditado, mas a
observou como uma verdade fundamental.

Não podia modificá-la ou torná-la mais acessível tanto
quanto não poderia voar batendo os braços ou escapar a
lei da gravidade!

Quais são as Alternativas?

Temos a possibilidade de escolha, considerar a teoria
budista como uma representação significativa da vida ou
não. Mas, nesse último caso surgiria espontaneamente
uma questão: que outras opções temos à disposição
para compreender o profundo mistério do sofrimento
Humano que parece torturar muitas pessoas de modo
aparentemente casual e injusto, muitas vezes em
continuação do nascimento à morte?

Essas são perguntas destinadas a permanecerem sem
uma resposta. Vão além da nossa compreensão, e esse
não é o momento apropriado para debate filosófico em
profundidade. Mas se quiséssemos encontrar resposta,
poucas são as opções válidas entre as quais poderíamos
escolher. Com base nos meus estudos e pesquisas
individualizei três opções que exponho a seguir.

A primeira é que a dor e o sofrimento foram criados
ao mesmo tempo com tudo o que compõe o Universo por
um Deus Onipotente ou seja, por uma divindade. É teoria
que deixa sem resposta de como ou por que Deus tenha
criado o mal do sofrimento que aflige o Ser Humano
desde os primeiros dias de vida sobre a terra junto ao bem
da sua grande misericórdia. Creio que essa teoria

represente o núcleo de todas as religiões monoteístas. Obviamente se não acreditamos na existência de um Deus Onipotente essa teoria não explica nada.

A segunda opção é que o sofrimento depende do acaso, é pura falta de sorte, inexplicável de modo racional. Não é nada mais que um jogo de dados. Alguns têm boa sorte e outros têm menos fortuna. Enfim, nada mais que isso. Penso que a maioria das pessoas escolheria essa hipótese. Não há nenhuma explicação racional que nos ajude a compreender a grande diferença de circunstâncias na vida das pessoas, é somente uma questão do acaso. É uma posição lógica e não há nada a acrescentar. Mas em termos humanos essa posição não oferece nenhuma esperança ou conforto e perdendo a esperança os Seres Humanos se encontrariam em uma situação desoladora.

A terceira opção é a teoria budista, ou algo muito semelhante que já discutimos. Essa teoria procura estabelecer uma ligação direta entre a responsabilidade individual e o sofrimento que encontramos em qualquer fase da nossa vida, e as causas e ações que fizemos no passado.

À primeira vista pode parecer uma teoria extremamente injusta, porque o budismo ensina que tal responsabilidade pode transferir-se de um período de vida ativa a outro sem que tenhamos memória de nossas ações. Mas vista sob perspectiva um pouco diversa, traz consigo mensagem de esperança, principalmente por duas razões. A primeira é que elimina a idéia da casualidade e do caos quanto a ocorrência de sofrimento na nossa vida, fator que pode ser inquietante para a mente humana, além de que as ideias de causalidade e caos em si causam sofrimento. A Humanidade esforçou-se muito nos últimos séculos para desenvolver sociedade baseada no princípio da responsabilidade individual, na descência e na justiça, porque esses fatores são fundamentais para o nosso senso de equilíbrio e nosso Bem-Estar. Odiamos a idéia da causalidade e do caos.

O segundo motivo e talvez o mais importante, é que a teoria budista oferece possibilidade de restauração: podemos agir para modificar a situação, podemos fazer algo para superar o sofrimento e dar uma nova direção a nossa vida.

Não é minha tarefa discutir aqui as duas primeiras opções, aquela do Deus Onipotente como fonte de sofrimento assim como do bem, e aquela da casualidade, porque essas devem ser escolhas pessoais. Mas, que ações podemos fazer enquanto seguidores do Budismo de Nitiren?

Podemos Mudar o Carma?

Essa é pergunta fundamental porque estamos perguntando se podemos transformar radicalmente aquela parte da nossa vida que nos provoca sofrimento. Em última análise, *todos* os ensinamentos budistas procuram responder a essa pergunta no sentido de tornar possíveis modificações radicais na nossa vida em vários níveis; mudar o Carma negativo, mudar as situações para alcançar um maior Bem- Estar, mudar tudo aquilo que nos impede de desenvolver nosso potencial.

Dessa forma, ao centro do Budismo de Nitiren encontra-se a afirmação que o Carma diz respeito ao *futuro* em nossas vidas tanto quanto ao passado. É mensagem de grande esperança e otimismo quando afirma que o futuro se cria desse momento em diante com as causas que fazemos agora. Assegura-nos também que, ainda que a lei de causa e efeito seja imutável, no sentido que viveremos no futuro os efeitos das causas boas e más que fizemos no passado, as ações que fazemos agora podem minimizar os efeitos negativos que possam estar na nossa vida no futuro. Isso se aplica até ao nosso Carma mais profundo e enraizado que poderia fazer surgir grande sofrimento na nossa vida.

O Budismo nos ensina que a melhor causa que podemos fazer é recitar e agir com base na sabedoria, na coragem e compaixão que derivam da recitação. Dessa forma nos promete que podemos iniciar a transformar os padrões de comportamento que causam sofrimento na nossa vida. O Budismo fala de deixar o nosso pequeno eu para encontrar o nosso eu maior ou a nossa essência. Não devemos necessariamente usar essa linguagem. Muitos de nós sabemos que existe um lado mesquinho e limitado do nosso caráter que nos faz agir de forma que não nos causa orgulho. Da mesma forma, temos um lado aberto, generoso e altruísta que nos leva a agir de forma a estarmos bem consigo mesmos. A promessa é que, através da prática diária, fazemos emergir nossa natureza de Buda, nos afastamos do nosso eu mesquinho e nos aproximamos do nosso eu mais forte e determinado.

Portanto é através da dedicação e um energético compromisso com a prática cotidiana que se encontra a chave para mudar o Carma negativo.

É como se fizéssemos girar uma roda na nossa vida criando um círculo virtuoso e quando a roda gira velozmente pode trazer-nos transformações no sentido mais amplo possível, seja no mundo dos nossos relacionamentos, na nossa atuação dentro do ambiente e como o ambiente responde a nós.

Do Negativo ao Positivo

Aquilo que tinha sido iniciado como uma observação aparentemente negativa pode conter internamente o potencial para um resultado positivo. Não somente, quanto mais desafiamos o nosso Carma negativo e provamos os efeitos disso, mais acumulamos energia vital para ajudar os menos fortunados a desafiarem o Carma deles. Isso significa praticar para si e para os outros. Vale enfatizar os efeitos benéficos disso, pois é o sentido que se encontra no âmago do Budismo.

Como diz um dito popular: vale mais ensinar a pescar do que dar o peixe. A prática do Budismo de Nitiren nesse contexto seria como ensinar a pescar.

Em última análise o Budismo diz que procurar somente a felicidade *pessoal* não é suficiente. "Ninguém é uma ilha". Não podemos nos separar do que acontece com os outros, por mais que sejamos convictos disso ou tentamos nos convencer. A felicidade eterna e duradoura que todos estamos procurando pode ser encontrada somente através da criação de valor, fortuna e harmonia, não somente na nossa vida, mas também na vida daqueles com quem entramos em contato.

É certamente longa viagem que se apresenta a nossa frente tendo como partida enfrentar o nosso Carma negativo para chegar a paz Mundial, mas é uma viagem que o Budismo nos pede que façamos. O círculo dos nossos semelhantes não está restrito a nossa família, nossos amigos, nossa cidade ou País, mas se estende aos limites da Humanidade. Assim, o objetivo primordial da SGI, organização budista laica que segue o Budismo de Nitiren é a paz mundial.

A princípio pode parecer um objetivo impossível e em vão, fora do alcance de qualquer um. Mas o Budismo nos pede de não permitir a si mesmos de limitar-se e confinar-se nos nossos inconfessáveis temores e na nossa visão restrita.

Esta é uma idéia que tem sido compartilhada por muitos líderes carismáticos no decorrer dos anos.

John F. Kennedy, no seu discurso na American University em junho de 1963, por exemplo, deu uma imagem clara de quais poderiam ser os resultados face a um comportamento mais positivo, mais amplo e infinitamente mais corajoso. Declarou:

"Primeiro: Vamos examinar nossa atitude para com a própria paz. Muitos de nós pensamos que isso é impossível. Muitos pensam que é irreal. Mas isso é uma crença perigosa e derrotista. Isso leva à conclusão de que a guerra é inevitável - que a Humanidade está condenada - que somos tomados por forças que não podemos

controlar. Nós não precisamos aceitar esta visão. Nossos problemas foram criados pelo Homem - portanto, eles podem ser resolvidos pelo Homem. E o homem pode ser tão grande quanto quiser. Nenhum problema do destino humano é além dos Seres Humanos. A razão e o espírito do Homem resolveram, muitas vezes, problemas aparentemente insolúveis - e acreditamos que podemos fazer isso de novo."

A paz Mundial pode parecer um objetivo inatingível, mas começamos a compreender que se inicia da nossa própria vida, no âmbito do nosso ambiente mais próximo. Diz respeito fundamentalmente ao modo com o qual nos relacionamos com os outros ao nosso redor, e esse é o tema que vamos abordar no próximo capítulo.

CAPÍTULO OITO

A Questão dos Relacionamentos

Como mencionamos anteriormente, inúmeras pesquisas foram feitas nos últimos dez anos na tentativa de estabelecer o que faz o Ser Humano estar bem. A que se referem os seres humanos quando falam de plenitude e bem estar?

Talvez surpeenda que em uma época caracterizada pelo materialismo, a riqueza não se encontre entre os fatores mais importantes. Ainda que o dinheiro seja obviamente um ingrediente necessário na nossa vida, mas à partir de um certo ponto, um ponto não muito distante, o dinheiro não parece contribuir muito para a felicidade. É encorajante constatar que muitos dos temas abordados nesse livro são refletidos nos resultados dessas pesquisas. Por exemplo, um fator de grandíssima importância é ter o controle da própria vida. Parece que poucas coisas sejam tão desmoralizantes quanto a sensação de ter perdido o controle dos elementos chaves da própria vida. Também, ter um forte senso do próprio valor é visto como um fator importante ao enfrentar eventos caóticos e imprevisíveis da vida, e como consequência é também imensamente liberador.

Mas um fator crucial parece ser o sentimento de conecção, ou seja, não sermos prisioneiros das pequenas preocupações pessoais, mas sentir-se parte integrante de um grupo mais amplo dentro da comunidade.

Daisaku Ikeda disse algo muito semelhante:

"Provar todo dia uma sensação gratificante de alegria e propósito, um sentido de missão cumprida e satisfação profunda; pessoas que se sentem assim são felizes. É claro que a missão ou o objetivo que tiver definido deve estar de acordo com a sua felicidade e a dos outros. Isso é o que torna possível a felicidade absoluta."

"Nós mesmos e os outros." É essa a frase fundamental que sempre aparece nas escrituras budistas. A convicção que está na base da prática budista é que a felicidade pessoal plena pode ser encontrada somente no contexto de um genuíno interesse pela felicidade e crescimento da vida dos outros.

A pesquisa confirma aquilo que é fator comum na nossa experiência cotidiana: somos animais sociais na nossa essência mais profunda. Procuramos com todas as nossas forças estabelecer relacionamentos harmoniosos, satisfatórios e duradouros em todos os níveis, e quando conseguimos em família ou no trabalho (dois dos ambientes mais importantes), o relacionamento com os outros reinforçam e ampliam nossa energia criativa. De certo modo somos mais livres para perseguir outros objetivos externos na nossa vida. Quando esses relacionamentos se acabam por uma razão ou outra, os efeitos podem ser devastadores em todas as áreas da vida, não somente naquela diretamente ligada ao relacionamento. Agimos condicionados pelo estresse e aquela mesma pressão retorna refletida no nosso meio ambiente.

Quando as relações são difíceis e complicadas no trabalho podem causar brigas e desarmonia também em família e até provocar a ruptura de um relacionamento. Da mesma forma a ruptura de um relacionamento estável com o parceiro, ainda se decidida em comum acordo, transmite vibrações que se propagam em cada ângulo da nossa vida social e profissional.

Sendo que os relacionamentos são fundamentais para o crescimento e desenvolvimento da vida Humana, não é de se surpreender que estejam ao centro dos ensinamentos budistas. Ainda que a prática budista seja direcionada para construir um Eu mais forte e resistente, é fundamentalmente atividade externa. Não o expressamos de forma isolada, ou mesmo apenas em nossas mentes, mas é experiência significativa somente se vivida na sociedade. Dizem que o verdadeiro significado dos ensinamentos de Sakyamuni foi expresso no seu "comportamento como Ser Humano". O Budismo diz que a vida é vivida em três esferas ou áreas sobrepostas, ou seja, nós (o eu ao centro), a sociedade (os outros) e por fim o ambiente mais amplo que inclui tudo. Para conduzir uma vida plena e satisfatória devemos construir relacionamentos bons e sólidos em todas as três áreas.

Assim, a batalha diária para viver como budista, e sejamos sinceros, requer grande determinação; não basta somente o conhecimento ou a compreensão dos princípios budistas. Isso é claro, sobretudo no modo pelo qual nos comportamos nas inúmeras relações que estabelecemos a cada nível durante o decorrer do dia. Entende-se a palavra relação num sentido mais amplo incluindo todos os encontros que temos durante o dia, desde quando acordamos com nosso cônjuge e acompanhamos os filhos à escola: o funcionário da bilheteria, da companhia de viagem, nossos colegas de trabalho, clientes, estrangeiros e assim por diante. O Budismo ensina que o modo como conduzimos cada um desses encontros há implicações muito mais amplas e profundas em relação às simples e imediatas repercussões aparentes. Então, como devemos lidar com eles? O que diz o Budismo sobre o modo melhor de criar valor de todos esses encontros?

O Que Queremos Dizer Com Respeito?

No topo da lista vem a ideia de respeito. De certo modo é uma palavra fora de moda que certamente havia mais valor para pessoas de gerações mais velhas, era um princípio mais falado no passado que nos dias de hoje. Os políticos de qualquer partido e de países diversos exprimem com frequência a ideia de que um dos problemas que mais representa um desafio para a Sociedade Moderna é a falta de respeito, ou seja, a falta generalizada de consideração pela dignidade das pessoas.

O respeito é uma das colunas fundamentais do pensamento budista. Em síntese se quisermos viver em sociedade baseada principalmente no respeito pelo indivíduo, devemos antes de tudo demonstrar esse respeito como base de todas as nossas relações e todos os encontros, mesmo aqueles acasionais. Não é necessário que todos nos sejam simpáticos, nem temos que provar admiração por cada um. Devemos, porém enxergar mais a fundo e reconhecer a humanidade que compartilhamos com cada pessoa. Tanto Sakyamuni como Nitiren tinham uma idéia revolucionária sobre o funcionamento da sociedade, essa deveria ser fundada no respeito de cada indivíduo em relação a cada outro ser humano com o qual entramos em contato, independentemente das circunstâncias. Na época era uma idéia revolucionária e expressa assim de modo decisivo, continua sendo revolucinária ainda hoje.

Mas é o núcleo de tudo. O Budismo é baseado na liberdade de escolha. Por isso sustenta que também escolhemos o modo em que vivemos uma relação. Temos a possibilidade de escolher se encarar a relação em particular de modo negativo ou positivo. É muito fácil apegarrmo-nos ao que acreditamos serem os erros, as incongruências ou a irracionalidade do comportamento do outro que tornam difícil a relação para nós. É facílimo considerar o que torna a relação desagradável, discutível, diferente de nós, parte de um mundo que não queremos que seja o nosso.

Do meu próprio modo de agir percebo que é muito fácil cair em padrões de comportamento fundamentalmente desrespeitosos mesmo com pessoas que nos são mais próximas, que amamos e que queremos proteger. Podemos ser desrespeitosos tirando vantagem delas para alcançar nossos objetivos sem nos preocupar com as suas necessidades. A tendência em aproveitar-se dos outros em nome de objetivos que consideramos de importância capital é radicada na Natureza Humana. Portanto o

Budismo ensina que a batalha começa da nossa vida, do nosso ambiente mais próximo. Ainda o Budismo deixa claro que é uma batalha entre a inclinação a diminuir e usar outros Seres Humanos e a compreensão puramente intelectual de que devemos respeitá-los.

Não é um percurso fácil. É certamente o processo da Revolução Humana no qual todos nós estamos envolvidos enquanto praticantes do Budismo. Não serve a nada participar de demonstrações, gritar contra o abuso dos Direitos Humanos que acontecem em algum remoto País Africano, ou marchar com um milhão de outras pessoas para protestar contra a guerra no Iraque se na nossa vida privada não demonstrarmos respeito pelos outros. A prática budista diária é a estrada que conduz à sensibilização e nos permite reforçar e reafirmar nossa determinação a sermos pessoas melhores.

A Realidade da Responsabilidade

Falamos já desse conceito várias vezes, mas é fundamental para compreender o que o Budismo quer dizer quando fala em construir relações, ou seja, assumir a responsabilidade pela própria vida.

"Assumir a responsabilidade pela própria vida" é uma frase bem formulada. Flui facilmente. Mas sua familiaridade poderia ser enganadora. Por exemplo, se uma relação não funciona por qualquer motivo, instintivamente procuramos a causa fora de nós e nos colocamos na defensiva: não funciona porque o outro está errado ou porque algo no seu carater é totalmente inaceitável ou ilógico. A causa principal deve ser esta de qualquer jeito. Segundo minha experiência é extremamente difícil aceitar a afirmação budista que o problema não pode ser resolvido limitando-se a esperar que o outro mude e se adapte perfeitamente aos nossos requisitos. Por mais que a mudança do outro possa parecer a estrada óbvia, o Budismo estranhamente ensina que é bem o contrário.

O ponto que achamos difícil de aceitar é que não somos nem podemos ser responsáveis pelo comportamento dos outros, por mais íntimos que possam ser, por mais que os conheçamos e amemos profundamente. Podemos ser responsáveis somente pelo nosso comportamento, mas se somos nós que sofremos, então somos nós que devemos resolver aquele sofrimento, a solução se encontra somente dentro de nós, não dentro de outro qualquer, caso contrário seria como dar aos outros a responsabilidade pela nossa vida. Seria indicação de infantilidade e fraqueza e não de maturidade e força.

Todos já passamos por este tipo de situação muitas vezes. Fomos feridos, ofendidos ou contrariados por alguém da família ou no trabalho. Quando isso acontece é natural retirar-se em defesa para nos proteger. A defesa serve na realidade para nos escondermos e começamos a traçar uma longa lista das culpas de quem nos feriu e ofendeu. A solução parece simples, é necessário que aquela pessoa mude e em seguida de um modo ou outro seremos felizes. Fácil. Podemos até criar estratégias para assegurarmo-nos que as mudanças aconteçam e o relacionamento funcione. Todos nós sabemos que esforços excepcionais são feitos para mudar o comportamento dos outros. Podemos até nos convencer que as mudanças aconteceram ao ponto que agora quase tudo naquela pessoa nos agrada, mas quando o comportamento original se repete a frustação é ainda maior. O que não deu certo? Por que aquela pessoa nos desiludiu novamente agindo de um modo assim tão egoísta?

Passei por isso muitas vezes.

Ainda como nos ensina a experiência, a situação não se limita somente a uma relação, mas se repete. Voltamos assim ao Carma e à tendência vital dominante. Muitas vezes as pessoas mudam de emprego ou relacionamento e acabam se encontrando na mesma situação. Por quê? Quando falamos de relação, como de qualquer outra coisa, gostamos de pensar que podemos ir adiante mudando de pessoas ou lugares, recomeçando tudo como se nada tivesse acontecido. Mas que ao contrário nos encontramos face a face com as nossas próprias causas é uma das lições mais difíceis de aprender. Não podemos escapar assim como não podemos mudar nosso aspecto físico. Ambos são aspectos da nossa vida. Por mais que quisermos acreditar ao contrário, somos a única pessoa a qual podemos controlar os pensamentos e as ações. Se quisermos mudar os outros devemos esperar por longo tempo. Uma das condições básicas do Budismo para construir e manter as relações, é que o esforço para fazer as coisas funcionarem, a ação para transformar aquilo que nos causa sofrimento ou contínua dificuldade, deve vir de dentro de nós.

A Independência Funciona

Há um outro argumento relacionado que é importante nas relações e tem a ver com a dependência. Em síntese, o Budismo ensina que nossa capacidade de ser feliz é um problema de escolha; a nossa. Não depende, ou pelo menos não deveria depender de alguém ou de alguma coisa fora de nós, nem mesmo dos que nos estão mais próximos. Como disse Daisaku Ikeda: *"Ninguém pode nos dar a felicidade, nem mesmo a pessoa amada. Devemos obtê-la sozinhos."*

Portanto é nossa tarefa, e depende unicamente de como escolhemos interpretar as circunstâncias e vicissitudes da vida, os altos e baixos, os choques e pancadas que todos vivemos e de como reagir a eles.

Quando as coisas vão bem não há problema, mas quando as situações se complicam, devemos escolher se aceitar as circunstâncias difíceis, as justificativas para a nossa falência e a consequente amargura, ou se encarar a situação como um catalizador para o nosso crescimento. Nossa escolha influencia nosso estado e nossa qualidade de vida, não somente durante aquele episódio específico, mas também nos momentos sucessívos. Está tudo bem ou está tudo mal? Somos felizes ou insatisfeitos? Ninguém pode decidir por nós, somente nós podemos fazê-lo. A escolha é totalmente nossa.

No campo das relações afetivas essa ideia influencia muito no modo como as percebemos e nas possíveis ações que podemos tomar para melhorá-las. Por exemplo, se pensamos que a nossa felicidade e nosso contentamento dependem de um parceiro, podemos nos iludir se as coisas vão bem acreditando que estamos vivendo profunda união. Mas na realidade trata-se de uma premissa instável que pode nos resultar em uma profunda infelicidade, ainda que aquela pessoa nos amasse muito. Isso porque fazemos com que nosso estado vital, ou melhor, nossa auto estima dependa dos outros, dos altos e baixos da vida de qualquer outra pessoa. Chegamos a considerar nossa felicidade dependente da vida ou do comportamento do nosso parceiro e nos convencemos de não podermos ser felizes de outra forma. Aparentemente pode parecer um ato de amor, mas se pensamos bem é estar no lugar do motorista no carro e dar o volante a alguém o que com certeza não é a melhor estratégia para ir do ponto A ao B.

Pode-se dizer o mesmo da posição dos outros em relação a nós: podemos ser felizes sabendo que a felicidade e a auto-estima do nosso parceiro dependem de nós, mas, sob o ponto de vista de uma relação duradoura esse poderia ser um elemento de fraqueza. Ser responsável pela felicidade de outra pessoa poderia se transformar em carga enorme, capaz de ameaçar a relação afetiva. Talvez seja esse o motivo pelo qual uma grande porcentagem dos casamentos hoje em dia termine com o divórcio, por causa da grande tensão gerada por expectativas completamente ilusórias.

Amar e ser amado são experiências que nos enriquece e é o que a maioria de nós deseja. Uma vida sem amor é triste. Mas dito isso, o modelo atual de amor romântico deriva em grande parte da indústria cinematográfica de sonhos de Hollywood desde os anos vinte, um modelo por definição improvável. Não é e nunca pretendeu ser um retrato realístico da vida, é só uma fantasia, uma forma de evasão destinada a nos distrair por uma hora ou duas da dura realidade da vida cotidiana. Sair do cinema e confundir aquilo que acabamos de assistir com a realidade, pode somente acarretar em série de expectativas, ou seja, que o príncipe encantado ou a mulher perfeita existem e que nos podem dar a felicidade ou que essa seja a responsabilidade deles: "Agora que os encontramos, cabe a eles nos dar a felicidade."

O Poder da Gratidão

Há outro aspecto importante nos ensinamentos budistas que expande e enriquece as relações de forma maravilhosa e inesperada: a gratidão. Todos nós sabemos que poucas palavras de apreciação, por mais simples ou por mais diretas, podem transformar encontros superficiais em momentos calorosos com um senso de participação Humana, como por exemplo, em uma loja, no ônibus ou respondendo informações por telefone. Multiplique essas experiências por dezenas ou centenas de vezes por dia, em relação a todos os encontros que temos em todos os níveis, e quase sem percebermos, a gratidão pode modificar completamente o andamento do nosso dia, e com o tempo também da nossa vida. Há enorme capacidade de transformação e todos se beneficiam, não somente quem exprime e quem recebe o ato de gratidão, mas também os que estão ao redor. Todos provam uma maior compreensão do valor de estarmos simplesmente vivos.

Assim, a visão budista de um relacionamento bem sucedido é simplesmente uma questão de bom senso. Retorna ao princípio básico de que nós sozinhos, somos responsáveis pela nossa vida e pelas escolhas que fazemos. Essencialmente diz que em qualquer campo de nossa vida, no relacionamento com o parceiro ou família, amigos e também colegas de trabalho, os relacionamentos mais resistentes e satisfatórios, capazes de criar valor não podem ser sustentados com base em uma dependência mutua, mesmo se tais relacionamentos começaram dessa forma. Portanto, precisam de um senso claro de independência, sensibilização quanto à responsabilidade individual, aliada a um respeito profundo pela totalidade da vida da outra pessoa.

Reconhecendo a Negatividade

Dessa forma, a abordagem básica do Budismo quanto a qualquer tipo de relacionamento, baseia-se na ideia central e percepção revolucionária de Sakyamuni tanto tempo atrás, que cada Ser Humano sem exceção, possui dentro de si esse enorme potencial para o estado de Buda. Assim, o propósito da prática diária estabelecida por Nitiren é de certo modo, acurar nossa visão para que possamos reconhecer esse potencial em nós mesmos e nos outros. Por que prática diária? Porque a negatividade em nossa vida nunca nos dá tregua. Levanta-se conosco toda manhã e nos seduz com argumentos dos mais traiçoeiros.

É aquela voz que nos segue quando nos sentimos inseguros e sussurra nos nossos ouvidos que não somos capazes ou não conseguiremos, ou que para evitar fracasso e constrangimento é melhor desistir e deixar pra lá. Nosso gêmeo malvado ou negativo, como é chamado às vezes, é poderoso advogado persuasivo que nunca descansa, sempre preparado para aproveitar das nossas fraquezas e dúvidas, sempre mais ativo quando tentamos desafiar algo importante em nossas vidas como construir um relacionamento, aspirar a um trabalho melhor ou sair de uma situação particularmente frustrante.

O Budismo ensina que sofremos não tanto porque a negatividade é inerente em nossa essência, mas porque nos deixamos persuadir por ela e a aceitamos como representação da realidade em nossas vidas. Cada vez que desistirmos se tornará mais difícil desafiar nossa negatividade quando a oportunidade aparecer, chegando ao ponto de encontrarmo-nos totalmente dominados por pensamentos negativos sendo incapazes de reconhecê-los pelo que são e passam a fazer parte do nosso ambiente de forma habitual. Ao contrário, cada vez que desafiamos nossa negatividade, identificando-a pelo que representa realmente, passamos a superá-la com maior facilidade.

É isso que queremos dizer quando falamos de Revolução Humana, lutar contra a própria negatividade no dia a dia porque é inerente na nossa vida e está sempre presente. Mesmo sendo propensos a pensar dessa forma, a qualidade negativa faz parte da Humanidade. Permanece latente dentro de nós mesmo nos momentos em que nos sentimos positivos. Cada vez que recitamos, conscientes ou não, envolvemo-nos na luta para repelir e superar os elementos de fraqueza, negatividade e destruição que existem dentro de nós.

O Budismo descreve esses elementos de várias formas: obstáculos, ilusões, desilusões e mesmo diabo e demônios. Quando fala de diabos ou mesmo deuses, está simplesmente usando essa linguagem para dar uma identificação física para um estado mental interior. Os demônios e deuses não representam poderes fora de nós e sim tendências positivas ou negativas interiores. A razão fundamental pela qual o Budismo usa a palavra batalha com tanta frequência é porque leva muito a sério nossa negatividade. Reconhece o imenso poder de nos causar danos, limitando-nos e aprisionando-nos de várias maneiras. Uma vaga e generalizada descrição da negatividade não é suficiente. Nitiren nos dá um quadro bem detalhado das inúmeras formas que a negatividade pode assumir na nossa vida quase como se nos estivesse levando a um desfile de identidades: pode parecer-se com isso ou aquilo e assim por diante. A ideia básica é a de conhecer bem nosso inimigo para podermos nos defender melhor.

O surpreendente é que um não existe sem o outro. Não podemos desenvolver o lado forte e positivo de nós mesmos sem lutar contra nosso lado negativo. A analogia com a preparação física é bastante apropriada. Sabemos bem que para desenvolver a força física devemos suar um pouco e que não existe progresso sem esforço. O mesmo ocorre na nossa prática. Lutar contra aquela voz negativa nos leva à nossa força interior, mas obviamente não é o único passo a fazer para nos liberar. Isso seria como ir à academia uma vez só. É necessário um esforço contínuo, uma passo de cada vez, uma vitória de cada vez.

Chega-se ao topo do Evereste dando um passo de cada vez.

CAPÍTULO NOVE

Budismo e o Mundo
ao Nosso Redor

A prática budista engloba tudo o que fazemos no decorrer do dia, todos os encontros que temos com as poutras pessoas, todos os problemas e vitórias, todas as alegrias e irritações que provamos. Isso não quer dizer que estamos constantemente pensando em tudo isso, em processo consciente pelo contrário, em maior parte do tempo, não temos consciência do que se passa. O que queremos é que nossos valores budistas sejam o ponto de referência para nossas ações e reações em qualquer situação.

Não é necessário dizer que nem sempre é assim e o propósito principal da recitação de manhã é o de ajudar-nos para que isso aconteça, ou seja dar-nos a energia e a vontade de enfrentarmos o dia de modo positivo e otimista. Assim, o objetivo da recitação e o de nos dar uma injeção de ânimo e entusiasmo antes de fecharmos a porta e partirmos na nossa estrada para enfretar as mais diversas situações.

Mas há um modo menos óbvio de descrever isso. Podemos dizer que objetivamos criar um ambiente mais positivo ao nosso redor. Dessa definição menos direta, deriva um dos assuntos mais importantes na teoria Budista e talvez um dos mais difíceis de compreender que é: nós *criamos* o nosso ambiente. À medida que nos movemos de um lugar para o outro, segundo o Budismo, criamos o nosso ambiente com nossas ações. Apresentando de uma maneira mais formal, o Budismo nos ensina que não existe distinção entre nós e o mundo ao nosso redor, assim nós e nosso ambiente não interagimos simplesmente, mas somos completamente inseparáveis, partes do mesmo todo.

Esse princípio fundamental é descrito como a unicidade da vida e seu meio ambiente. É sem dúvida ideia grandiosa, mas difícil de aceitar como proposta real e concreta. Deixando a parte as óbvias implicações ambientais no sentido convencional, a questão básica que surge é: que diferença faz realmente no modo como vemos nossa própria vida? Qual é a significância de trazer os valores positivos Budistas para dentro de nossas vidas? É essencial ou não?

Bem, vamos ver.

Aceitamos sem problemas o fato que exercemos grande impacto no meio ambiente de várias formas, construtivas e destrutivas, pelo fato exclusivo de viver. Por exemplo, somos responsáveis pela poluição que criamos aquecendo nossas casas, guiando carros ou viajando de avião. E temos consciência de que essas atividades aumentarão com o crescimento da população mundial causando maior impacto ainda no meio ambiente.

Da mesma forma sabemos que nosso ambiente exerce um impacto sobre nós, embora de modo um pouco diferente, no sentido que se acordarmos numa manhã de segunda-feira cinzenta, nublada com a chuva que desaba sobre nosso teto, podemos nos sentir deprimidos, nos deixamos influenciar. O mesmo caso se caminharmos por uma rua suja cheia de muros pixados. Por outro lado nos sentimos alegres ao ver uma bela árvore florida pelo nosso caminho ou o sorriso de uma mulher que ajuda as crianças a atravessar a rua. Aceitamos sem dificuldade a hipótese de uma constante interação entre nós e nosso ambiente, contanto que permaneça no plano genérico e não invasivo.

O princípio budista de unicidade entre a vida e o seu meio ambiente aceita tudo aquilo que pode representar tal tipo de interação cotidiana fragmentada e até certo ponto superficial que aos poucos se desenrola em torno a nós. Mas, também vai muito mais além. Declara que nós criamos o nosso ambiente, ou seja, é essencialmente inseparável do nosso estado vital subjetivo. O ambiente no qual nos encontramos é nada mais do que um espelho, um reflexo do nosso estado vital interior.

É ideia extraordinária. Propõe que a restrita linha divisória que vemos entre nós e todo tipo de matéria que existe no nosso meio ambiente é ilusão, resultado da nossa visão parcial e limitada. O budismo declara que na realidade, seres humanos, animais, plantas, a terra de fato, são parte integrante da mesma entidade e do mesmo espaço temporal, e não separados e distintos, mas intimamente interligados. E a parte mais difícil de aceitar é, sem dúvida, a ligação entre o que é animado e inanimado. Acho que não devemos nos preocupar demais com o fato de ser uma ideia difícil de aceitar. Como já disse é um conceito incomum e extraordinário.

A Ciência diz algo que pode ajudar-nos a compreendê-lo?

A Perspectiva Científica

Richard Feynman foi um dos mais brilhantes e influentes Físicos do século vinte. Era um docente dotado de grande eloquência, deixando claros os princípios Científicos dos mais complexos e em uma de suas palestras explicou sobre a essência de toda matéria.

"A matéria vem antes de qualquer outra coisa e notavelmente toda matéria é igual. Sabe-se que a matéria da qual são feitas as estrelas é a mesma que compõe a terra... os mesmos tipos de átomos existem lá e aqui na terra. Os mesmos tipos de átomos existem em criaturas viventes e não viventes; sapos são feitos do mesmo grupo de átomos que as rochas porém em uma combinação diferente. Isso torna nosso problema mais simples; não possuímos nada além de átomos, iguais e em todos os lugares."

Essa radical e moderna declaração feita por um Físico, surpreendentemente se aproxima a uma das declarações mais significativas de Nitiren setecentos anos atrás.

"A vida, a cada momento, abrange o corpo e a mente, o eu e o meio ambiente de todos os seres viventes nos Dez Mundos, assim como todos os seres inanimados nos três mil mundos, incluindo as plantas, o céu, terra e até mesmo as mínimas partículas de poeira. A vida a cada

momento permeia todo o reino dos fenômenos e revela-se em todos os fenômenos."

Aqui está a definição mais clara da unicidade da vida e seu meio ambiente.

"... a vida, a cada momento abrange o corpo e a mente, o eu e o meio ambiente..."

Portanto se trata de algo do qual não podemos nos separar.

Mas o que podemos dizer sobre o outro lado da questão, a integração entre mente e matéria, a natureza da nossa integração como Seres viventes com a matéria que compõe nosso Meio Ambiente? Somos apenas observadores ou temos uma integração muito maior e mais dinâmica com ele? Mais uma vez encontrei, de certo modo, auxílio na Ciência, ainda que, como já disse, não acredito que o Budismo necessite ser validado pela Ciência que por sua vez não expande suas pesquisas no mundo religioso.

Einstein era um tanto incomum entre os cientistas quando pronunciou sua famosa frase, *"A Ciência sem a religião é manca, a religião sem a Ciência é cega."*

Essa declaração talvez represente uma das mais concisas e potentes expressões do fato que para haver uma compreensão satisfatória do Mundo e certamente do Universo no qual vivemos, necessitamos das contribuições de ambas, Religião e Ciência. A Ciência pouco tem a dizer sobre as amplas áreas da existência Humana fora do que pode ser visto ou medido. A Religião, por sua vez, tem muito do que aprender sobre o funcionamento do Universo, a partir do conhecimento da ciência.

No livro Escolha a Vida – Um Diálogo sobre o Futuro, o Professor Arnold Toynbee apresenta um interessante ponto de vista.

"A Religião oferece aos seres humanos, uma carta do misterioso Mundo no qual despertamos para a consciência e no qual temos que passar as nossas vidas. Embora este gráfico seja hipotético, não podemos viver sem ele. É uma necessidade da vida. É de muito maior importância prática para nós do que a maioria dos testados e atestados inquéritos científicos da fração ínfima do Universo que nos é acessível para a observação científica."

Vale a pena contar uma história relativa a questão da interação entre mente e matéria e que representa um desvio na minha trajetória pessoal. Começa no início do século XX e representa uma verdadeira revolução quanto a compreensão dos elementos que constituem a matéria, os blocos básicos que formam tudo o que existe, incluindo nós Seres Humanos e pode esclarecer a interação que existe entre nós e nosso Meio Ambiente.

No início desse período, os Cientistas, principalemte os Físicos acreditavam que tinham uma plena comprensão de como funcionava o Mundo. Faltavam somente poucas peças para completar o quebra-cabeça e eram confiantes de que as encontrariam em um ano ou dois ao máximo, sem nenhuma descoberta suspreendente. Acreditavam estar muito perto do que chamavam de "teoria do tudo" uma teoria global que incluía todas as partículas e forças que operavam no Universo. Mas, de repente, no decorrer de poucos anos, essa teoria confortável, bem fundamentada sobre o Universo e sua composição foi totalmente desmantelada. Primeiramente em Manchester, um jovem e brilhante Cientista chamado Rutherford provou que o átomo tido como a menor partícula e como consequência o bloco primário para construir todo o mundo físico no qual vivemos, não era de fato sólido.

Não era como acreditavam até então, um tipo de melão microscópico com outros pedacinhos sólidos espalhados dentro. Rutherford foi capaz de demonstrar que o átomo era um espaço vazio com um núcleo pequeno e sólido ao centro e um número variável de partículas menores chamadas elétrons que giravam em torno ao núcleo em várias órbitas. Para ter uma ideia de quanto espaço há naquilo que chamamos com segurança de matéria sólida, imagine que o núclo do átomo seja um grão de areia no centro de um estádio de futebol e que o elétron orbitam mais ou menos ao nível das arquibancadas. Digo-lhes não só por ser fascinante, mas porque ajuda a demonstrar o quanto seja incompleta e parcial a nossa percepção da matéria.

Nos anos seguintes, vários cientístas de diversas partes da Europa iniciaram a explorar esse microscópico Universo totalmente novo e inesperado que se apresentou diante os olhos. O impacto que teve na ciência foi revolucionário. Poderíamos comparar a um daqueles mapas da Idade Média que mostram somente o contorno de uma terra apenas descoberta com amplos espaços vazios no meio com as palavras *"aqui vivem animais selvagens"*. Ninguém sabia o que poderiam encontrar alí.

Temos sorte que os Cientistas pioneiros nesse novo terrtório desconhecido eram entre os indivíduos mais brilhantes do mundo: Albert Einstein, Niels Bohr, Werner Heisenberg e outros. No entanto, apesar da sua inteligência e competência, foram pegos de surpresa. A matéria, naquele nível, ou seja, muito abaixo das dimensões do átomo, pareciam ter uma mente própria. Não seguia nenhuma das regras que tinham meticulosamente anunciadas em trezentos anos de pesquisa científica para descrever o Mundo que todos observamos. Esses cientistas e seus sucessores descobriram uma miríade de novas partículas até aquele momento desconhecido, que nasciam do nada e desapareciam do nada, aparentemente ao acaso.

Não eram capazes de compreender nada. Tinham somente a esperança de encontrar a equação matemática capaz de explicar os possíveis comportamentos dos elétrons nas várias circunstâncias; e conseguiram, com grande determinação e astuta inventividade. Aquelas equações têm sido a base na qual, por exemplo, toda a indústria eletrônica e dos computadores modernos têm se desenvolvido desde então. O mundo fantástico da computação e da comunicação global na velocidade da luz, do qual a Sociedade Moderna é totalmente dependente, existe porque aquelas equações funcionam, ainda que os cientistas não tenham total compreensão da realidade que descrevem. "Há mais no céu e na terra do que possa imaginar a sua equação! O debate continua sobre o extraordinário mundo subatômico, um mundo digno de *Alice no País das Maravilhas* e conhecido como mecânica quântica.

Richard Feynman, delínea o núcleo do problema com grande perspicácia:

"... *A dificuldade é psicológica e se encontra no perpétuo tormento de perguntar a si mesmo: Mas como é possível? É um reflexo do desejo incontrolável, mas completamente em vão, de igualar tudo a fenômenos conhecidos.*" "... *Penso que posso dizer tranquilamente que ninguém compreende a mecânica quântica.*"

Mas voltando ao Budismo, porque a única razão para essa digressão em uma das mais extraordinárias, e ainda em vigor revolução de toda a história da ciência moderna, é a de identificar dois fios condutores muito úteis para explicar algumas das coisas fundamentais que Nitiren nos tenta explicar quanto a unicidade do Ser e seu ambiente.

Um desses fios condutores é que devemos nos lembrar que não estamos aqui discutindo sobre uma pequena e insignificante partícula esotérica que existe em algum lugar às margens da nossa vida. Estamos falando dos elementos primários da matéria, dos quais todas as coisas são feitas, sem exceção: nós e o nosso ambiente em sua totalidade. Cada Galáxia, planta, animal e Ser humano. Essas partículas não existem somente na terra, mas em toda a matéria do Universo. Assim, dependendo de como se comportam, explicam por exemplo, o processo da fotossíntese, através do qual o mundo animal produz o alimento necessário para sua subsistência. Ainda, explica o funcionamento dos olhos e do processo visual de todos os animais, incluindo o nosso. Explica também como o processo nuclear que se dá no sol, emana a energia que é a principal fonte de vida. Estamos assim falando de um fenômeno universal, e todos estes processos, aparentemente separados, entre si fazem na realidade parte de um todo.

O segundo ponto não é menos importante nem menos surpreendente. Os experimentos feitos com estas partículas fundamentais de toda matéria, repetidos por diversos cientistas durante décadas, revelam um dos mais extraordinários e ainda inexplicáveis resultados científicos, ou seja, a profunda interação entre a mente do observador e a matéria observada. A presença do cientista, o fato em si que faça parte do experimento, parece alterar o resultado. Por mais que os cientistas preparem cuidadosamente seus experimentos, por mais que aperfeiçoem os cálculos, quanto mais procuram observar o comportamento dessas partículas, mais se conscientizam de que o processo de observação em si modifica o comportamento delas em modos que ainda não pode ser totalmente explicado nem compreendido. É quase como se as partículas tivessem conhecimento de que estão sendo observadas. Sem dúvida os cientistas me reprovariam por usar esse termo "conhecimento", mas nos leva diretamente ao ponto.

Jacob Bronowski, Escritor e Cientista descreveu essa nova e curiosamente interativa visão do mundo revelada por essas partículas da seguinte forma:

"O mundo não é uma matriz de objetos sólidos e fixos fora de nós, porque não pode ser totalmente

separado da nossa percepção dele. Transforma-se sob nossos olhos, interage conosco, e o conhecimento que ele produz tem de ser interpretado por nós."

"Interage conosco" é afirmação surpeendente que se aproxima muito a ideia estamos tentando explorar, da unicidade do Ser e seu meio ambiente.

Richard Feynman, novamente, com seu característico estilo casual, descreve os efeitos que essa estranha interação provoca na mente dos cientistas, quando procuram observar o comportamento dessas subpartículas atômicas:

"Vou lhe explicar como a natureza se comporta. Se você aceitar simplesmente a hipótese que se comporta desse modo, vai verificar que é encantadora e deliciosa. Pare de perguntar a si mesmo, se puder, 'Mas como pode ser assim?' porque acabará entrando em um beco escuro de onde ninguém conseguiu ainda escapar. Ninguém sabe como pode ser assim!"

Esse foi desvio mais longo do que tinha em mente, mas espero ter atingido seu propósito. Parece que por mais que possa nos maravilhar, a realidade Física observada pelos cientistas, em inúmeros experimentos, se aproxima muito a convicção budista fundamental da unicidade do Ser e seu ambiente. A Ciência usa termos como "interação", o Budismo a expressiva e eficaz definição de "dois, mas não dois". Obviamente os dois campos não são intercambiáveis, mas parecem percorrer trilhos paralelos.

Não me perguntem como fez Nitiren e aqueles antes dele a perceber e compreender essa verdade essencial tanto tempo antes que algo de análogo tornasse evidente para os estudiosos de Física Quântica. Não sei se há uma resposta para tal pergunta.

Mas que Diferença Faz?

Quais são as implicações da visão budista da unicidade da vida e do ambiente? Que diferença faz em termos práticos, no nosso modo de ver a vida? Bem, é uma visão intransigente. Em termos simples, declara que o ambiente em que nos encontramos é a cada instante um reflexo do nosso estado vital interior. Se nos encontramos em um estado vital de agressão e destruição, nosso ambiente reagirá da mesma forma refletindo nossa agressividade. Da mesma forma, se nosso estado vital é alto e nosso comportamento é construtivo, essas qualidades positivas irão se infiltrar no nosso ambiente e influenciar as pessoas que encontramos e como a situação se evolui em torno a nós. Acredito que essa afirmação, ainda que vasta, coincide com a experiência da maior parte de nós. Somos conscientes de que tanto o pessimismo como o otimismo são muito contagiosos; todos nós preferimos viver ao redor de pessoas positivas e otimistas, por outro lado constatamos que viver sempre com pessoas mau humoradas debilita as nossas forças.

Mas, estes são relacionamentos interpessoais presentes na nossa experiência cotidiana. Ampliar essa teoria, incluindo a interação entre o estado vital interior e o estado Físico ou Universal, é certamente muito mais difícil de compreender e aceitar. Daqui, recorro à física teórica, e a confortante certeza de que os Cientistas são conscientes disso, embora nem eles não sejam capazes de compreender.

Essa interação mais ampla é frequentemente descrita como "colocar-se em harmonia com o Universo". Ninguém nega que seja uma bela frase de formidável ressonância, ainda que difícil de compreender na sua totalidade. Mas, da mesma forma como os Cientistas usam as fórmulas da física quântica para proporcinar-nos benefícios concretos, sem haver plena compreensão do que acontece, Nitiren nos diz que podemos obter enormes benefícios com essa prática, mesmo não havendo uma total compreensão teórica.

Nitiren não ignora as dificuldades, ao contrário, compreende muito bem a situação em que nos encontramos, e se preocupa em nos explicar que não é necessário ter total conhecimento da teoria que sustenta os ensinamentos para colocá-los em prática e obter benefícios na nossa vida.

"Mesmo que uma pessoa não leia, nem estude o sutra (o Sutra de Lótus), recitar o título apenas, consitui uma fonte de infinita riqueza. O sutra ensina que... todos os seres dos Dez Mundos podem alcançar o Estado de Buda na sua forma presente. É um prodígio ainda maior que produzir fogo de uma pedra retirada do fundo de um rio, ou de uma lanterna que ilumina um lugar que permaneceu na escuridão por cem, mil, dez mil anos.

Há incontáveis analogias que podemos trazer do mundo moderno para demonstrar que benefícios não dependem necessariamente da compreensão do funcionamento dos sistemas. Talvez não sejam poéticos como aqueles citados por Nitiren, mas são úteis para ilustrar a teoria. Não é necessário compreender o funcionamento dos motores a quatro ciclos, para beneficiarmos do fato que virando a chave o carro se coloca em movimento nos permitindo de ir buscar os filhos na escola. Nem devemos compreender o complexo mundo dos servidores, roteadores e cabos, que nos permitem de mandar mensagens instantâneas em qualquer parte do mundo, na velocidade da luz, com um clique no mouse. A imensa complexidade do sistema é reduzida, para nosso benefício, e série de procedimentos extremamente simples. Da mesma forma, não precisamos compreender os complicados processos bioquímicos que intervém na sua composição para obter as vantagens da pílula que engolimos com um pouco de água, três vezes ao dia. Devemos somente seguir a receita.

Nitiren não pede mais que isso. Nesse sentido, podemos dizer que seguir a prática budista que nos prescreve, estamos beneficiando de cerca de 2500 anos de História e desenvolvimento do pensamento budista quanto à essência fundamental da vida. Não precisamos conhecer ou entender a complexidade do processo evolutivo para experimentar os benefícios da prática em nossas vidas e para vê-los refletidos no nosso ambiente. Devemos somente seguir a receita.

Um Horizonte Mais Amplo

Segundo a visão budista, a não dualidade da vida e seu ambiente é válida também se levada ao nível da sociedade e além, incluindo as sociedades das nações. A primeira vista pode parecer difícil de aceitar, mas há vários exemplos na História recente que podem demonstrar essa ideia. Por exemplo, se uma Nação projeta agressividade, encontrará a mesma agressividade refletida em seu ambiente. Os últimos cem anos têm sofrido o tormento dessa situação. O século XX tem sido descrito como o mais sanguento da História, enquanto que os ciclos de agressão e vingança entre nações repetiram-se mais e mais vezes. Mais de 70 milhões de pessoas foram mortas em guerras de um tipo ou outro, número estimado a ser maior que todos os séculos precedentes somados. Apesar do sofrimento e da destruição em escala Mundial, é claro que a experiência Humana nos proveu com algumas preciosas estratégias para interromper esse ciclo. Certamente não a diplomacia, e infelizmente parece que também não as Nações Unidas, pelo menos até o momento. Houve mais de 200 conflitos armados desde a última conflagração global, e hoje o Mundo possui ainda mais armas de enorme portencial destrutivo.

Se adicionarmos o fenômeno do noticiário de TV que estão no ar praticamente 24 horas, nos acordam e dão boa noite com as estórias de morte e eventuais desastre nesse ou naquele canto da Terra, teremos a receita perfeita para senso de impotência que pode destruir a vida de quem se preocupa mesmo em pequena escala, dos problemas que devemos deve enfrentar no nosso Mundo turbulento. Podemos nos afligir em simpatia, ou doar certa quantia a essa ou aquela organização Humanitária, enquanto somos informados de algum outro desastre. Mas, o que podemos fazer?

Pode parecer extremo sugerir que o Budismo pode oferecer a estratégia para enfrentar essa ampla gama de problemas insuperáveis, mas, é exatamente esta a promessa que o Budismo faz. Trata-se de *algo* positivo, cheio de esperança e criador de valores que *podemos* fazer.

Tudo se inicia com indivíduo deciso a assumir a responsabilidade da própria vida que aos poucos desenvolve coragem e otimismo, sabedoria e compaixão, para transformar não somente a própria vida, mas a vida daqueles que lhe estão próximos. Como nos lembra mais uma vez Daisaku Ikeda com total clareza de visão: *"Ninguém nasce odiando os outros"*.

A visão é de número crescente de pessoas procurando a oportunidade para criar essa transformação na própria vida, não somente para o próprio benefício, mas para o benefício de familiares e amigos, e todos os que fazem parte de maiores círculos nas suas vidas. Poderíamos assim ver uma transformação fundamental no modo como agem os grupos, as Sociedades e as Nações. Compreendemos com absoluta clareza que é grande trajetória com um objetivo grandioso, nada menos que paz e hamonia nesse Mundo.

Mas o argumento Budista não é aquele diário que é de qualquer forma remoto ou inascessivel. Ele inicia-se exatamente aqui.

CAPÍTULO DEZ

O Desafio da Mudança

Praticamos para tirar nossas vidas dos mundos ou estados mais baixos com seus fortes efeitos negativos na nossa atitude e comportamento, e redirecioná-la para os estados vitais mais elevados de Erudição, Absorção, Bodhisattva e Buda. A medida que fazemos isso, procuramos colocar nossas vidas em direção ao lado positivo do spectro, e como nos promete o Budismo, estamos ao mesmo tempo transformando nosso ambiente. Quando mudamos, passamos por exemplo, do estado da ira, basicamente concentrado no nosso próprio ego, para uma abordagem com mais compaixão e sensibilidade em relação aos outros, encontramos essas qualidades cada vez mais refletidas no nosso ambiente. Os desafios e problemas não são menos frequentes ou menos severos, pelo contrário, podem até aumentar. A diferença fundamental está na claridade na qual somos capazes de percebê-los e na habilidade fortificada para respondê-los.

Claridade é um fato importante. Nitiren a define como "a purificação dos sentidos" e a descreve como um dos principais benefícios da prática. Por exemplo, vemos oportunidades que não eramos capazes de identificar anteriormente, ou identificamos os problemas no seu estágio inicial, quando podem ser resolvidos com maior facilidade. As pessoas que praticam, falam que as coisas parecem se desenrolar mais facilmente e de estarem no lugar certo na hora certa, ou de encontros fortuitos que revelam oportunidades inesperadas. Dizem, nada é coincidência, os encontros fortuitos aparecem porque vemos tudo com mais clareza e reagimos de modo mais positivo.

Pode também acontecer profunda mudança com relação as nossas esperanças, ambições e expectativas ou seja, o que estamos preparados a demandar de nós mesmos e de nossas vidas. São frequentes os casos em que nos permitimos acomodar a uma situação e nos deixamos levar pelas circunstâncias, mesmo sabendo o quão insatisfatórias são e muitas vezes a causa do sofrimento em nossas vidas. Pode tratar-se de um trabalho sem nenhuma possibilidade de ascenção, de um relacionamento que negligenciamos ou uma situação familiar na qual domina a ira. Por medo, apatia, falta de coragem ou porque não temos ideia de onde começar a mudar sem causar mais dano, suportamos essas circunstâncias e aprendemos a conviver com a situação que controlam grande parte de nossa vida, muitas vezes por anos e anos.

Sabemos que poucas coisas são difíceis de mudar como o nosso comportamento ou atitude. Passamos uma vida inteira para construí-los e por isso é necessária muita energia e uma forte determinação paratentar mudá-los. Afinal, representam o nosso mundo. Precisamos de esperança, talvez mais do que qualquer outra coisa para acreditarmos que uma mudança é possível.

Uma das afirmações mais comuns que ouvi dizer sobre a prática e que ficou marcada na minha mente quando comecei a praticar é que se enfrentamos uma situação difícil e não sabemos que direção seguir, começando a praticar, a esperança aparece do nada.

Obviamente não vem do nada e sim de dentro de nós e constituia faisca inicial para que possamos iniciar o nosso processo de transformação, quando nos encontramos numa situação difícil. A esperança pode desencadear um sentimento de raiva por termos permitido que a situação persistisse por tanto tempo, ou pode nos dar a inspiração necessária para tomarmos uma atitude resoluta e agir para a resolução do problema. Não importa como se manifesta, o importante é que foi iniciado o processo de transformação. É possível que a consciência de que precisamos agir para mudar as coisas permaneceu em estado dormente em nossas vidas por muito tempo, ou que o medo de uma mudança tenha sido grande demais ou que as circunstâncias nunca apareceram oportunas. Somos todos talentosos procrastinadores, convencemos a nós mesmos que agora não é o momento adequado para enfrentar desafios difíceis.

Mas, o quanto mais recitarmos para encontrar uma solução, muitas vezes nem com tanta convicção e sem a menor idéia de *como* resolver o problema, novamente aparece do nada, a esperança e a coragem para enfrentá-lo. Os praticantes do Budismo relatam com frequência como depois meses após meses e às vezes anos de indecisão, inesperadamente veem com clareza que ação devem tomar e encontram a coragem necessária para iniciá-la.

Pode acontecer de termos que tomar decisões difíceis que perturbam a vida de outras pessoas, principalmente tratando-se de uma questão de relacionamento. O Budismo nos impede de agir para não perturbar e provocar os outros, diz somente que devemos fazê-lo com toda compaixão possível quanto às necessidades das outras pessoas e aceitar plenamente a responsabilidade pelas causas que estamos criando.

O período de tempo no qual essas transformações acontecem na nossa vida e no nosso ambiente varia muito, sendo que as nossas circunstâncias pessoais e do nosso ambiente são únicas. Variam também em relação ao nível de sinceridade e compromisso empregados na prática. A promessa fundamental do Budismo de Nitiren é que os benefícios começarão a emergir, as mudanças se iniciarão assim que começamos a recitar. Não há nenhum tipo de fase preliminar de qualificação. Não temos que construir um tipo de conta no banco ou poupança.

Pode até ser.

Você, leitor pode argumentar, Isso seria válido pra quem acredita na prática, mas e para quem não acredita? Em muitos comentários Budistas se lê que não devemos nunca duvidar, mas pessoalmente não vejo como seja possível. A dúvida é uma parte normal das nossas vidas, como a negatividade, ainda que seja importante compreender que não significam a mesma coisa. A dúvida alimenta a cautela e não há nada de mal em um pouco de cautela num Mundo repleto de perigos. Podemos chamar de prudência se não fosse uma palavra tão fora de moda nos dias de hoje!

A negatividade pode nos desarmar, nos paralizar. Poderia sugerir que a prática budista pode ser apropriada para resolver o problema dos outros, mas não *esse* que nos aflige nesse exato momento, porque é especial, porque tem raízes profundas, porque tem feito parte de nossas vidas por tanto tempo, porque depende de um relacionamento problemático e assim por diante. Nossos problemas parecem sempre ter um grau de dificuldade superior em relação aos problemas dos outros. Nunca nos falta meios para disfarçar nossa negatividade, nosso gênio malvado é perito em disfarças.

Em outras palavras, devemos aprender a manter o equilíbrio entre a cautelosa prudência e a paralizante negatividade. Negatividade que está sempre presente. Nitiren nos encoraja a escutá-la, a vê-la pelo que é, mas não deixar-se dominar por ela. O ato de reconhecimento em si nos ajuda a combatê-la e quanto mais o fazemos, mais acreditamos em nossa capacidade de vencê-la. Mais uma vez retornamos ao mesmo pressuposto fundamental: o Budismo não é simples, assim como a vida não é simples e aquilo que procuramos alcançar requer muito cuidado e dedicação. Aquilo que estamos tentando fazer, é melhorar nossa habilidade de ver os problemas pelo que eles são. Fazer nascer a coragem para enfrentá-los e a determinação para transformá-los.

O Que Queremos Dizer Com Benefício?

Quando iniciamos a praticar somos convidados a tomar parte de um experimento onde somos nós o objeto da experimentação, e a nossa vida é o banco de prova. Pratiquem sem relutância e com todo o coração é o que nos dizem; dê uma chance verdadeira e veja os benefícios na nossa vida. A palavra benefício é considerada um termo técnico no Budismo de Nitiren, e engloba série de significados.

Pode parecer estranho falar de benefício derivado da prática de uma religião, sendo que esta não é ideia que estamos acostumados a associar com um credo religioso. Não se fala por exemplo, dos benefícios de ser cristão, ao menos não que eu saiba, porque em geral pensamos em religião como uma questão principalmente de fé, acreditamos na visão de vida que nos apresentam ou não acreditamos. A ideia de benefício não faz parte desse quadro e pode causar problemas para os que entram em contato com o Budismo pela primeira vez. Para mim aconteceu exatamente assim. Praticar uma religião tendo em mente a obtenção de benefícios de qualquer tipo nessa vida, inevitavelmente parecia um comportamento egoísta.

É importante todavia fazer distinção bem clara, que já foi mencionada em um capítulo anterior. Quase todas as grandes religiões foram dadas ao homem por um Ser Onipotente e se concentram essencialmente na relação entre o Indivíduo e seu Criador. O Budismo ao contrário foi criado pelo homem e se baseia essencialmente na relação do Indivíduo com si mesmo e com o resto da Humanidade. Assim, seu propósito fundamental é o de permitir aos comuns mortais de realizar plenamente seu potencial único, para que possam extrair o maior valor possível de qualquer situação. Esse é o ponto chave.

O conceito de benefício nasce dessa teoria. Podemos dizer que o propósito da prática é o de obter benefício agora, nesta vida. O Budismo não é esotérico ou extraterrestre, o Budismo é enormemente prático e concreto. Não fala de recompensa ou de um paraíso em outra vida, e sim de grande felicidade dentro da dura realidade da vida cotidiana normal. O pressuposto fundamental, é que os benefícios estão ao alcance de todos independentemente das condições e dificuldades apresentadas pelas circunstâncias pessoais de quem inicia a praticar.

Vejamos o que isso significa na prática dentro desse contexto. Os benefícios podem ser de dois tipos: conspícuos e inconspícuos.

Os benefícios inconspícuos como o próprio nome sugere, são as modificações que se verificam no campo espiritual, ou seja, na parte não visível de nossa vida e podem ocorrer de forma relativamente lenta, no decorrer de vários meses. Podemos comparar com a lenta escalada de uma montanha – não percebemos o quanto caminhamos em alto até olharmos para traz observando a estrada percorrida. Da mesma forma pode acontecer que só olhando meses ou anos atrás percebemos a extenção das mudanças realizadas por exemplo, as preocupações que nos seguiram por toda a vida não parecem mais assim tão assustadoras.

As pessoas tomam controle por exemplo, da ira corrosiva ou do cinismo que causaram tanto dano a si mesmas e a seus relacionamentos. Há também aqueles que se tornam capazes de combater a depressão de modo mais eficaz e descobre de ter se transformado em uma pessoa mais segura de si nas relações interpessoais. Conheci muitas pessoas que apenas começaram a praticar enfrentarem problemas de relacionamento que simplesmente não tiveram a coragem de encarar por anos. Outros florescem no passar de poucos meses transformando-se de seres tímidos e introvertidos a indivíduos de tal confiança capazes de discutir questões complicadas em público sem nenhum constrangimento.

Como podemos imaginar, benefícios inconspícuos são de natureza extremamente pessoais e únicos ao nosso caráter e circunstância, mas como podemos deduzir dos exemplos acima, têm grande relevância em relação a satisfação que propiciam em nossa vida.

Pode parecer superficial e talvez o seja realmente, mas devo admitir que uma das coisas que mais me impressionaram nas primeiras reuniões budistas das quais aceitei de particiar foi próprio o sorriso e a alegria dos participantes, ainda que muitos deles enfrentassem situações pessoais dificílimas. Além disso, pareciam sempre encontrar a energia e a força para encorajar uns aos outros com extraordinário calor e sinceridade absoluta. Não estou afirmando que esta seja uma característica peculiar do Budismo, somente que é um ponto atrativo marcante das reuniões de discussão ou de outros eventos budistas. Há uma grande consciência sobre o valor do apoio recíproco e vale a pena retermo-nos por um momento nesse assunto, já que é relevante a questão dos benefícios inconspícuos.

Baixo Senso de Auto-Estima

Não importa o quanto somos ou pensamos ser espíritos livres, todos temos necessidade de apoio. Foi demonstrado que o sentimento de isolamento, a sensação de estarmos sós sem ninguém a quem recorrer em caso de necessidade ou somente por companhia, juntamente com o baixo senso de auto-estima constituem uma das maiores causas da depressão crônica. As mulheres são mais suceptíveis que os homens a essa condição. Não tenho conhecimento de uma explicação para essa diferença entre os sexos, mas uma das hipóteses sugeridas é que mesmo na era moderna da igualdade, as mulheres passam mais tempo em casa, talvez cuidando dos filhos, e assim mais inclinadas a sentirem-se presas no ritmo cotidiano dos afazeres repetitivos, sempre iguais dia após dia, e do qual não conseguem se libertar.

Mas essa não é situação necessariamente relacionada com a vida doméstica. Um estudo feito na Inglaterra por exemplo, verificou que o mesmo ocorre com os funcionários públicos que passam o dia efetuando as mesmas tarefas sem nenhum espaço para a criatividade. Para surpresa dos pesquisadores, esses funcionários administrativos com menores responsabilidades consequentemente com menor nível de estresse durante o dia de trabalho eram mais propensos a desenvolver problemas cardíacos e arteriais em relação a seus superiores sobrecarregados de trabalho e colocados sob grande pressão. Concluiu-se que o estresse não vem do excesso de trabalho, mas sim da rotina e repetição e ausência de desafios.

O ponto chave que gostaria de enfatizar é que a depressão tem sido considerada por muito tempo como um distúrbio psicológico, quase um problema mental, mas atualmente há vários pesquisadores que procuram demostrar que a depressão crônica pode causar um profundo efeito em vários sistemas do organismo como a frequência cardíaca, os níveis hormonais e o ciclo menstrual e ainda pode causar um aumento no risco de doenças cardiovasculares.

Neste caso, sugere que fatores negativos amplamente difusos na sociedade como a baixa auto-estima, um prevalescente sentimento de alienação, ou a perda de controle da própria vida cotidiana não se limitam a causar grande infelicidade pessoal, mas podem ter efeitos maiores e mais abrangentes. Ao que parece podem exercer profunda influência no nosso estado de saúde em geral, incluindo o surgimento de doenças fatais como o câncer e doenças do coração

É nesse contexto que começamos a avaliar os efeitos positivos do que chamamos benefícios inconspícuos. Mais uma vez, não estou dizendo que esses efeitos podem ser obtidos somente com a prática Budista. Muitas pesquisas demonstram que dimensão religiosa de qualquer tipo pode ter um grande efeito benéfico na saúde em geral. Estou dizendo que não há a menor dúvida de que esses efeitos benéficos que ajudam a prolongar a vida foram vivenciados por milhares de pessoas em todo o mundo que decidiram basear a própria vida na prática do Budismo de Nitiren.

Benefícios Conspícuos

Os benefícios conspícuos são como diz o nome, muito mais evidentes. Relacionam-se aos elementos materiais e tangíveis que compõem grande parte de nossa vida. Assim, os benefícios conspícuos incluem melhores condições de vida, uma casa ou um trabalho melhor, um salário mais alto, uma situação financeira mais estável e favorável.

O Budismo de Nitiren é bastante claro nesse ponto. Ensina que como temos exigências físicas e espirituais, devemos nos preocupar com ambas se quisermos realizar a vida mais satisfatória e criativa possível. O Budismo é vida cotidiana, e desejos terrestres, como são chamados, necessidades e desejos relacionados com o aspecto material de nossas vidas, são parte integrante da vida em si. O Budismo de Nitiren não fala de renúncia, ao invés afirma que os desejos de uma casa melhor, de um trabalho mais satisfatório com maior remuneração ou de um relacionamento pleno, são absolutamente normais e fazem parte da nossa humanidade. Assim, não devemos de nenhuma forma rejeitar esses desejos como se fossem não dignos de consideração por parte de nosso eu espiritual. De fato, é exatamente o oposto. Quando incluimos esses objetivos de vida na prática e recitamos para alcançá-los, esses podem se transformar no meio para a nossa revolução humana, no sentido que seja qual for o motivo que nos estímula a praticar, o processo de recitar traz à tona a coragem, a força vital e a compaixão de dentro de nós mesmos. A chave está em manter um equilíbrio.

Como já mencionamos, o problema para nós e para os que nos circundam, surge quando a Fome ou avidez se transforma na condição vital dominante, quando a necessidade de obter sempre mais bens de consumo, ou benefícios materiais passa a ser a força motora principal da nossa vida e perseguimos nossos desejos sem com pouca ou nenhuma consideração em relação aos danos que podemos estar causando aos nossos valores, ou podemos estar afetando a vida dos que estão a nossa volta. O Budismo é franco em relação a esse tipo de avidez. Descreve a avidez como um veneno no nosso sistema, mais ainda, como um dos três venenos primordiais capaz de arruinar toda a vida como fonte de grande dor e infinito sofrimento. Os outros dois são a ira e a ignorância. Todos nós as possuímos em intensidades diversas. Quanto mais esses venenos existirem em nossas vidas, mais os veremos refletidos no nosso ambiente.

Pessoas gananciosas por exemplo, tendem a julgar todos os outros como gananciosos. Analisando dessa perspectiva, estão simplesmente agindo no modo em que a pessoa gananciosa se sente mais natural. Quem é irracional pergunta sempre por que os outros são sempre irracionais e mal humorados.

Mas vamos no deter por um momento no exemplo da avidez, sendo que é de moda podemos dizer. Obviamente a avidez é a base da grande corrente consumista que nos arrastou para dentro de níveis recorde de débitos e falências. Mas se a aquisição de um objeto desejado é certamente uma experiência agradável, por que quando continuamos a adquirir bens materiais não leva a um sentimento agradável mais intenso até que possamos atingir a felicidade verdadeira?

Um recente estudo feito em Londres e publicado recentemente analisou a opinião de algumas pessoas com relação ao próprio salário. Perguntaram para os que ganham cerca de 60.000 libras esterlinas por ano, que salário os deixariam satisfeitos. A resposta foi 100.000. Por sua vez, od que ganhavam 100.000 disseram que ficariam satisfeitos com 250.000 e os que ganhavam 250.000 gostariam de ganhar em torno a 1 milhão. Parece que a felicidade, seguindo a rota do consumismo está sempre fora do nosso alcance. Série de estudos conduzidos recentemente nos Estados Unidos a respeito da felicidade humana chegou a resultados muito semelhantes. Uma vez supridas as necessidades básicas, parece que uma renda adicional, ainda que substanciosa, seja de pouca ajuda para alcançar a felicidade ou sentir-se satisfeito com a própria vida. Outros estudos frequentes nesse campo confirmam a validade desses resultados. Por mais que a riqueza e a posse possam ser almejadas, simplesmente não são suficientes.

Os ensinamentos Budistas a esse respeito são extremamente práticos e realistas. Dizem que qualquer prazer derivado do consumismo é de pouca duração porque o momento de satisfação é substituido rapidamente pelo desejo da próxima aquisição. Por definição, um estado constante de avidez só pode resultar em profunda infelicidade. Essencialmente, o Budismo diz que o prazer maior está em criar e dar e não em receber, isto é, criando valor aqui e agora e dentro das nossas circunstâncias atuais ao invés de depender do que é exposto nas vitrines.

Em Harmonia com a Psicologia Moderna

Para tratar desse assunto sob perspectiva um pouco diferente, segundo o ensinamento Budista é fundamental a importância atribuída ao modo em que vemos qualquer situação ou qualquer ambiente. Em outras palavras, não são tão importantes as circustâncias externas que nos influenciam, mas o modo em que as vemos. Não é o que acontece que nos faz sofrer, mas como reagimos ao que acontece. O Budismo ensina, dessa forma, que se desenvolvermos e reforçarmos os benefícios inconspícuos na nossa vida – sabedoria, coragem, determinação, além de uma visão com compaixão e otimismo, desenvolveremmos também a capacidade de transformar o ambiente em que nos encontramos.

A partir daqui é possivel criar o que os gurus em gerenciamento chamam de círculo virtuoso, uma situação onde só é possível vencer. Enquanto estamos preocupados com a nossa vida, não temos tempo para dedicarmo-nos aos outros, mas, ao mudarmos e desenvolvermos a capacidade de gestir nossa situação com coragem e determinação, teremos mais recursos extras, por assim dizer para apoiar e encorajar os outros e encontramos mais ocasiões para fazê-lo, seja simplesmente contando nossa experiência, seja dando apoio moral e emocional ou dedicando tempo e energia para solucionar um problema. Dar e fazer ao invés de pegar e consumir. O Budismo nos ensina paradoxalmente que dar atenção ao externo ao invés que ao interno, preocupando-nos com os problemas dos outros e não somente com nossas próprias dificuldades, leva a um rápido crescimento da nossa força interior e do nosso espírito de iniciativa.

Por mais que o Budismo sustente essa teoria há muito tempo, somente nos últimos anos assumiu uma relevância particular graças aos estudos dos Psicólogos.

O Professor Richard Layard, por exemplo, no seu livro entitulado *Felicidade*, coloca-a ao centro de seu argumento para um novo código moral:

"Isso deveria ser o núcleo da educação moral, de forma que nossos filhos compreendam que aquilo que dão à vida é mais importante do que aquilo que dela recebem. Com

esse tipo de filosofia, irão de fato, permanercerem felizes, como demonstra a Psicologia moderna."

Sonja Lyubomirski, Psicóloga pesquisadora da UCLA, confirma que ajudar os outros está no topo da lista das ações que resultam a nível mais elevado de satisfação pessoal na vida:

"Ser gentil com os outros, sejam amigos ou estranhos, faz com que nos sintamos generosos e capazes, nos dá um maior sentimento de conecção com os outros, conquista sorrisos, aprovação e gentileza recíproca."

Há dois termos chaves que estão diretamente relacionados com nosso argumento, *"efeitos positivos"* e *"gentileza recíproca"*, sendo que ambos se referem as mudanças no comportamento dos outros ou seja, mudanças no ambiente, geradas pelo nosso comportamento.

Desde que a maioria de nós já teve experiências pessoais, penso que podemos aceitar facilmente que existe uma constante interação entre nós e a sociedade ou o ambiente próximo a nós. Todos nós podemos relatar circunstâncias nas quais nossa ira ou nossa alegria foram derramadas nos que estavam ao nosso redor causando uma reação imediata. Conhecemos pessoas que tendem a levar consigo como uma bagagem, melancolia e tristeza ou otimismo abundante, contagiando todo o ambiente.

Mudanças fundamentais na atitude e comportamento são, indubitavelmente, difíceis de obter, mas nos tranformando e nos desenvolvendo espiritualmente, descobrimos que temos maior capacidade de ver e compreender as necessidades dos outros ou seja, temos maior compaixão para ocuparmo-nos dos problemas dos outros.

CAPÍTULO ONZE

Uma Vida Longa e Saudável

O Budismo é muito preocupado com o tema da saúde e a busca de uma vida longa e ativa. Da mesma forma como somos responsáveis por todas as causas que fazemos, temos também a responsabilidade de cuidar da nossa saúde do melhor modo possível e fazer o que estiver ao nosso alcance para tomarmos conhecimento de tudo o que nos levará a conduzir uma vida longa e saudável. O fato de estar vivo traz consigo a responsabilidade de não desperdiçar a vida. Recitamos para isso todo dia.

No capítulo dezesseis do Sutra de Lótus, Sakyamuni conta a estória de um bravo médico e seus filhos. O médico parte para uma viagem, enquanto isso seus filhos tomam veneno e ficam gravemente doentes. Ao seu retorno, o médico os encontra no chão, enfermos e com muita dor. Compreende imediatamente que não há tempo a perder, prepara um remédio apropriado e tenta fazê-los tomar. Alguns logo compreendem que o pai está tentando curá-los e tomam o remédio sem hesitar. A dor diminui e começam a retornar ao estado normal, mas outros filhos estão tão mal que nem reconhecem o pai e se recusam a tomar o remédio. Estão em grave perigo, mas só quando enfim reconhecem quem é o médico, também aceitam o remédio e voltam a si, saindo da dor e do sofrimento.

Obviamente essa é uma parábola e como a maioria das parábolas, funciona em vários níveis.

Um desses é certamente que o médico representa o próprio Buda Sakyamuni, que oferece seu grande ensinamento ao mundo. Os inúmeros filhos representam os Seres Humanos que sofrem de várias formas por causa dos três venenos universais – a ganância, a ira e a ignorância. O remédio é o Sutra de Lótus. Os que estão prontos a aceitar superam os sofrimentos inerentes na vida.

Em outro nível, a estória pode ser compreendida como a receita budista para uma vida longa e saudável. Vale a pena dizer que o Budismo não consiste somente em superar os desafios e problemas que encontramos nos aspectos normais da vida cotidiana, mas, consiste também em seguir a receita, ou a prática para superar as doenças que de tanto em tanto afligem nosso corpo e nossa mente. Das enfermidades transitórias como o resfriado e a gripe que podem nos deixar acamados por alguns dias e nos derrubam, até as doenças crônicas que perturbam todo o nosso modo de vida, como a depressão e a fobia, e as doenças mortais como o câncer e as doenças cardíacas.

Ao centro da visão budista de cura encontra-se a ideia de que não devemos simplesmente colocar a responsabilidade pela nossa saúde na mão dos médicos. Temos necessidade dos conhecimentos médicos, mas precisamos ajudá-los e sustentá-los com nosso poderes naturais de auto-cura.

O Budismo de Nitiren nos ensina que o ato de recitar é em si um potente processo revitalizador. Ajuda-nos a liberar a energia necessária para vencer a negatividade e aquela sensação de falência e fragilidade que com frequência acompanha a doença, substituindo-a com a esperança e o otimismo. A esperança em si há grande capacidade de cura porque sem a esperança não existe nem mesmo a determinação de superar a doença. Um número sempre maior de pesquisas Científicas e Médicas apoiam a teoria de que uma atitude forte e otimista é de extrema importância para suportar e superar doenças de todos os tipos.

Não queremos dizer com isso que o Budismo subestima os poderosos efeitos obtidos com a Medicina tradicional. Aliás, é exatamente ao contrário. Os conselhos são sempre de procurar parecer médico e a melhor cura possível, mas de ao mesmo tempo não subestimar o poder da energia curadora que pode somente vir de dentro de nós. Temos a capacidade de reforçar e aumentar nossa resposta imunológica, e nenhum remédio, por mais que excepcional, poderá substitui-la.

Da mesma forma como não se associa a felicidade com a ausência de problemas, não se associa boa saúde com a ausência de doenças. O Budismo vai ainda mais além, considerando a boa saúde no sentido mais amplo possível, como um estado vital que não só é livre de enfermidades Físicas ou Mentais, mas é marcado pela energia e vitalidade e permeado pelo otimismo e senso de propósito. Se tivermos essa ideia na mente com clareza, podemos compreender se estamos simplesmente nos contentando com a ausência de ansiedade e preocupações ou se estamos realmente extraíndo o melhor de nossas vidas. É interessante que uma idéia bastante semelhante foi utilizada para definir a condição de boa saúde pela Organização Mundial da Saúde onde se fala de Bem-Estar físico, mental e social, e não somente de ausência de doenças e enfermidades.

Obviamente devemos ser muito cautelosos nesse campo. Médicos e cientistas dizem claramente que é muito difícil estabelecer as condições necessárias para efetuar experimentos científicos que esclareçam exatamente a relação entre a Psicologia e doença, a relação entre o que pensamos e sentimos, e o processo de uma enfermidade. Dito isto há um número sempre crescente de pesquisas que demosntram a conecção entre vários estados emotivos e algumas doenças. Esperança e otimismo estão ligados a boa saúde e a períodos de convalescência mais breves, enquanto que ânsia e melancolia prolongadas estão associadas a doenças que podem ter consequências mortais.

Levando em consideração tanto a cautela quanto o otimismo, vamos ver o relato de algumas pessoas que recorreram a prática para enfrentar doenças graves de vários tipos. Nas revistas budistas pode-se encontrar a histórias de muitas outras pessoas que passaram por experiências semelhantes. Os casos que relato aqui não são os mais marcantes, nem os mais dramáticos, mas, são apenas as experiências de pessoas que praticam no bairro de Londres de onde faço parte.

O Caso de Quitterie

Quitterie é jovem casada de quase trinta anos de idade. Sempre teve uma vida normal no que diz respeito à saúde sem nunca ter sofrido de nenhum disturbio físico em particular. Pouco tempo depois do nascimento de Kynu, seu filho, passou por momentos difíceis porque Kynu tinha uma batida cardíaca irregular e instável. No seu primeiro ano de vida a situação se agravou e Kynu teve que ser hospitalizado e operado para o implante de um marca-passo cardíaco. A pequena criança parecia estar se recuperando rapidamente e começou a crescer aprendendo a gatinhar em seguida a caminhar, a falar e ir à escola como todos os meninos da sua idade. Mas havia sempre, talvez inevitavelmente, constante ansiedade latente que seu filho sofresse uma recaída catastrófica.

Apesar de sua ansiedade Quitterie parecia normal. Não havia mudança explicita no seu aspecto, mas sentia cada vez mais cansaço e letárgia, e principalmente dores nas pernas. Foi ao médico, mas este não encontrou nada que necessitasse de tratamento específico, assim, sugeriu somente uma dieta balanceada e muito repouso. Mas sua condição continuava piorando. No período de poucos meses, Quitterie não era nem capaz de levantar-se para cuidar de seu filho e era incapaz de descer ou subir escadas por causa dos problemas com a articulação. Pediram-lhe que fizesse vários exames de sangue urgentes que evidenciaram muitas anomalias, mas o mais alarmante era o estado de seu sistema imunitário que se encontrava em colapso total. O número de seus glóbulos brancos por exemplo, se encontravam muito abaixo do nível extremo de perigo.

Em torno a este período Quitterie havia conhecido alguém que praticava o Budismo de Nitiren e tinha aprendido a recitar. Quando se conscientizou de estar muito doente reagiu, ao primeiro instante, com total pânico. Em seguida decidiu "dar uma chance à prática", como ela mesma dizia, já que "não havia nada a perder."

Assim, decidiu recitar ao menos uma hora por dia, todo dia, acontecesse o que acontecesse com a idéia de trazer os glóbulos brancos a um nível de normalidade.

Outros membros da SGI, sabendo da situação, íam regularmente recitar com ela. Um deles era uma amiga que também havia iniciado a prática há pouco tempo. Outro era uma senhora que havia uma prática muito forte e estava preparada a dar o seu tempo a Quitterie para ajudá-la a superar essa crise. O apoio foi crucial. Quitterie percebeu o quanto era difícil manter sua determinação. Para ela, recitar era uma experiência completamente nova e requeria muita perseverança para que a fizesse por uma hora todo dia.

Cerca de duas semanas depois, Quitterie voltou ao hospital para um check-up. Vendo os resultados dos exames de sangue, a médica lhe perguntou se estava tomando algo a mais que os remédios que ela havia prescrito. Quitterie um pouco surpresa respondeu que não havia tomado nada de especial. A Médica perguntou então se ela havia mudado algo no seu estilo de vida. A princípio ela não se lembrava de nada, mas, depois disse que tinha começado a praticar o Budismo todo dia. Quitterie conta que a jovem médica olhando para o céu com uma expressão do tipo "É mesmo!" disse para ela continuar a fazer seja lá o que fosse porque o número de glóbulos brancos havia aumentado consideravelmente apesar de ainda estarem abaixo do normal, mas estranhamente era muito maior do que os médicos podiam esperar em tão pouco tempo.

Foi um grande encorajamento. Quitterie ainda achava difícil recitar por uma hora ao dia, mesmo sabendo que se sentiria melhor. Praticava quando era possível. Uma semana depois os glóbulos brancos alcançaram quase os níveis normais e Quitterie estava bem melhor, não passava mais o dia na cama, saía para fazer compras e até voltou a estudar e a tomar conta de seu fillho.

Hoje Quitterie e seu marido praticam o Budismo de Nitiren. Fazem reuniões de palestra em casa e Quitterie tem a energia e vitalidade necessárias para receber e cuidar de seus convidados. Ainda sofre de ataques de fatiga e quando fala a respeito ainda se surpreende de como a recitação a ajuda a superá-los. Recentemente Kynu, agora com três anos de idade, teve que fazer outra cirurgia para reprogramar o marca-passo e Quitterie, apoiada por um grupo de amigos da SGI, aumentou sua prática diária com o intuito de encontrar as forças para enfrentar esse período estressante. Seguramente era muito preocupada com o filho, mas sua saúde geral nunca vacilou. De fato, afirmou de sentir-se fortificada a tal ponto de permanecer otimista e alegre e de fazer o que era mais impportante para ela, ou seja, de dar toda a atenção e cuidados que Kynu precisava.

O Caso de Jocelyn

Jocelyn é uma jovem mulher chinesa de trinta e poucos anos é solteira, profissional e tem uma vida ocupada e muito ativa. Pratica com muita determinação e recita ao menos duas horas por dia, estuda regularmente o budismo e participa ativamente das reuniões de palestra e outras atividades com os companheiros Budistas.

Há aproximadamente um ano, Jocelyn começou a sentir dores no abdomem. Fez uma série de exames, mas não foi identificada nenhuma causa específica. Porém com o passar do tempo as dores aumentaram chegando a impedi-la de ir às reuniões de palestra. Eventualmente os médicos identificaram um crescimento substancial no seu útero. Descobriram que se tratava de um cisto não-malígno, mas seu médico queria que fosse removido com certa urgência.

Jocelyn era incerta do que fazer. Achava difícil aceitar a idéia da operação ainda que sentisse dor. Decidiu recitar e refletir sobre o dilema por algum tempo em seguida tomou uma corajosa decisão. Decidiu de tentar resolver o problema do cisto somente através de sua prática Budista e seu conhecimento pessoal de remédios alternativos.

Levou adiante sua decisão. Nesse período dedicou sua vida ao único objetivo de livrar-se do cisto aproveitando de sua forte crença nos efeitos benéficos da prática. Decidiu suportar a dor e viver do modo mais normal possível no que dizia respeito a seu trabalho, mas, se organizou para alcançar seus objetivos. Acordava mais cedo todos os dias para poder recitar no mínimo duas horas diárias concentrando-se na eliminação do cisto e a recuperação de seu corpo. Encontrei Jocelyn muitas vezes durante aquele período e ainda que sofresse de dores fortíssimas, nunca se lamentava nem menos uma vez, e ao contrário continuava a contribuir enormemente às várias atividades budistas que aconteciam naquele tempo. Dificilmente se não nunca, falava de seus problemas. Foram precisos dois anos de imensa determinação. Atualmente seu médico a certificou que o cisto havia desaparecido e com ele as dores.

O Caso de Margaret

Margaret é escritora com mais de cinquenta anos de idade. No momento vive só, ainda que tenha sido casada e com filhos. É uma pessoa calma e gentil por natureza e da muita atenção a sua privacidade. Nunca teve nehuma inclinação religiosa em particular, mas há um tempo sentiu a necessidade de um apoio espiritual e experimentou com certo sucesso uma forma de meditação budista. Há alguns anos atrás encontrou o Budismo de Nitiren e foi atraída por aquilo que promete. Tentou recitar por algum tempo, mas não se sentindo satisfeita parou de praticar poucos meses depois, porém continuou procurando aquele algo mais que faltava na sua vida. Depois de uma interrupção de alguns meses retornou ao Budismo de Nitiren.

Em relação a prática, passou pelo que podemos chamar de um longo período de experimentação. Recitava e participava de reuniões de palestra e falava com as pessoas. Não havia pressa. Eventualmente sentiu que estava pronta para dedicar-se a prática regularmente. Um comentário feito por Margaret pouco depois do evento e que vale a pena mencionar foi: "De alguma forma fortifica o espírito, deixamo-nos de sentirmo-nos amedrontados com o que a vida possa nos trazer."

Pouco tempo depois de decidir dedicar-se a prática Margaret descobriu de ter um nódulo no seio. Havia tido sempre um grande medo de doenças e de câncer em particular. Cerca de vinte anos antes tinha feito uma série de operações para remover nódulos benígnos muito vizinhos ao seio.

O diagnóstico inicial não foi bom. Os Médicos disseram que seria melhor operar o mais breve possível. Para o alívio de Margaret, testes mais aprofundados confirmaram que apesar de grande o nódulo não era malígno. Apesar disso, considerando sua idade e o tamanho do nódulo, os médicos confirmaram que seria prudente removê-lo.

Vale a pena ressaltar que Margaret era Budista há pouco tempo, com menos de um ano de pratica regular e é por essa razão que sua experiência me parece assim tão preciosa.

Com grande coragem decidiu que não faria a operação e que combateria o nódulo inteiramente com o poder da prática. Havia já recitado bastante para supera o estresse dos exames e do diagnóstico. Decidiu que dedicaria ainda mais tempo a prática, duas e às vezes três horas diárias, apoiada pelos seus novos amigos da SGI.

Por um tempo nada aconteceu, mas Margaret sabia que não seria um percurso fácil. Porém, em menos de um ano o nódulo começou a diminuir. Margaret fez diversos exames e aos poucos o nódulo desapareceu completamente. Além do nódulo não ter retornado, Margaret tem hoje uma energia e vitalidade que nunca teve no passado.

Margaret é muito relutante em compartilhar sua história com os outros, mas lá não tem dúvida que sua determinação de melhorar a consentiu que desfizesse o nódulo.

Que Tipo de Conclusão Podemos Tirar?

Podemos fazer muitas observações sobre essas experiências, mas duas me parecem particularmente importantes. O primeiro ponto como mencionei anteriormente, não foram selecionadas com base em critérios especiais, são simplesmente experiências de pessoas que conheço pessoalmente e que vivem no meu bairro em Londres. Sei com base em fatos que muitas pessoas que praticam em outras regiões na Inglaterra ou em outros lugares podem relatar experiências semelhantes a essas.

O segundo ponto é um pouco mais amplo, e ainda se falo como praticante do Budismo com uma visão basicamente Budista, não estou dizendo que curar-se desse modo, combinando uma prática determinada e a Medicina tradicional é uma prerrogativa budista. A auto-cura tem sido praticada por séculos em muitas culturas e em muitos ambientes religiosos. Recentemente muitas pesquisas têm sido feitas para verificar até que ponto a fé e a oração, de qualquer gênero, podem influenciar o processo de cura.

Dr. Herbert Benson, Professor de Medicina da Universidade de Harvard em Boston, conduziu, nos anos noventa, uma série de estudos clínicos sobre a eficácia de várias formas de oração e de práticas religiosas. O resultado desses estudos foi publicado em *Cura sem tempo: o poder da biologia e do credo*. Em síntese a conclusão é que muitas formas de oração repetitiva apoiadas pela fé, podem ter efeitos benéficos potentes em fatores fisiológicos como a pressão baixa, a batida cardíaca regular e a intensificação do sistema imunológico.

Com isso queremos dizer que muitos tipos de oração, ligadas a um sistema de credo, se usada regularmente, ajudam a nos recuperar mais rapidamente de doenças ou intervenções cirúrgicas, muitas vezes contra todas as probabilidades. Dr. Benson criou uma frase para definir esse processo de cura, descreveu como: *"retornando a um bem-estar do qual nos recordamos."*

Baseados na multiplicidade de estudos dessa natureza, desenvolvidos em várias partes do mundo, parece que o poder da oração e da fé de revitalizar e estimular a eficiência do sistema imunológico seja algo impossível de ignorar. De onde quer que venha, uma abordagem positiva a vida traz saúde, e o Budismo reconhece claramente a validade e virtude da grande diversidade de tradições religiosas existentes no Mundo, nenhuma das quais há o monopólio da verdade.

Ainda assim, do ponto de vista do Budismo de Nitiren, o processo de recitar Nam Myoho Rengue Kyo coloca o controle ou a escolha de volta em nossas mãos. Seja o que for que nos venha atacar, permite-nos de mudar nossa posição de negativa em positiva. Por exemplo, se nos sentimos destruídos e de certo modo humilhados pela doença, começamos a desafiá-la abertamente, e desenvolvemos a coragem, a esperança e a confiança de poder superá-la, ao invés de dependermos somente na eficácia da Medicina tradicional.

Em síntese quando recitamos por um problema qualquer, devemos recitar não pelo problema em si, mas para a sua solução. Pode parecer uma espécie de trocadilho, mas é fundamental. Se recitarmos pelo problema, estamos de certo modo nos concentrando na parte negativa da equação ou na parte negativa da nossa energia e dessa forma fazendo com que o problema pareça ainda maior. Quando deslocamos nossa atenção para a solução, ou para o resultado que queremos obter, somos imediatamente propulsionados para frente, em direção à solução que estamos procurando e assim redirecionamos toda nossa energia espiritual. Em outras palavras, estamos olhando em direção ao futuro e não ao passado.

Um dos grandes méritos do Budismo, que o transforma de fato na força eterna da nossa vida, é que nos dá um claro Sistema Filosófico para observar tudo o que nos acontece, incluindo as doenças, sob uma luz positiva e nos ensina a transformar todas as nossas experiências em instrumentos para o nosso crescimento. Por mais paradoxo que possa parecer e por mais que nos pareça impossível ao início, entramos em um mecanismo de auto-reforço, mais fazemos, mais somos capazes de fazer. Dessa forma, quanto mais podemos ver nossas experiências por esse ângulo; os bons e os maus momentos, as derrotas e as vitórias; mais cresce nossa confiança. Desenvolvemos aquilo que Daisaku Ikeda chama de "um espírito combatedor". Começamos a acreditar de termos realmente dentro de nós a capacidade de trasnformar tudo, até a experiência de uma doença grave em motivo para o crescimento pessoal. Para compreendermos isso é fundamental conhecer o conceito budista da unicidade do corpo e mente.

CAPÍTULO DOZE

A Unicidade do Corpo e Mente

Ao centro da visão budista de uma vida saudável encontra-se a convicção de que não existe uma distinção ou separação fundamental entre os aspectos físicos e espirituais de nossa vida. Para descrever essa relação, usa-se a expressão inequivocável "dois, mas não dois". A Mente e o corpo podem *parecer* duas entidades diversas. Certamente somos condicionados, pelas tradições culturais e da medicina no mundo Ocidental, a vê-los como tal. Mas, o Budismo afirma que essa é uma visão parcial da realidade. A realidade fundamental, segundo o Budismo, é que corpo e mente são simplesmente dois aspectos diferentes da vida, são indivisíveis, distintos, mas intimamente relacionados, como os dois lados de uma folha de papel, ou como o corpo e sua imagem no espelho. São duas entidades distintas e ao mesmo tempo inseparáveis porque não é possível conceber uma sem a outra, movendo uma a outra também se move. Qualquer coisa que possa influenciar uma, influencia também a outra e não somente em nível superficial, mas em profundidade afetando os sistemas básicos de suporte vital do corpo.

Lendo a Mente dos Outros

Minha visão pessoal é a de que sabemos instintivamente que funciona, desse modo, aplicamos sempre a interação entre mente e corpo ao lidar com nossas relações com os outros. A linguagem do corpo, por exemplo, é uma importante forma de comunicação. Como membros da tribo Humana, tornamo-nos muito competentes em interpretar os sinais físicos do rosto e do corpo na tentativa de saber o que acontece na mente dos outros. Se pensarmos um pouco, a interpretação correta desses sinais provavelmente determinou a sobrevivência dos nossos ancestrais. A emoção mental da ira por exemplo, manifesta-se com o roseamento das faces, endurecimento da expressão facial e frequentemente movimentos bruscos com as mãos. Além disso, sabemos que nosso corpo está reagindo àquele sentimento mental de raiva, particularmente os hormônios que regulam a batida do coração e a pressão arterial, preparando os músculos para a luta. A interação entre corpo e mente não é somente evidente, mas é complicada e abrange todo o nosso ser.

Talvez nossa sobrevivência não dependa mais de uma interpretação correta da linguagem do corpo, mas ainda exerce um papel importante. Podemos perceber que é o momento apropriado para deixar a sala do diretor ou para sairmos da mira do nosso parceiro. Em ambos os casos, agimos com base na estreita conecção entre mente e corpo, entre visível e invisível. Para citar outro exemplo, se encontramos alguém, um estranho, com uma atitude apática e um olhar sem interesse pela vida, sabemos que estamos de frente de uma pessoa com sinais visíveis de depressão e ansiedade. Hoje, temos a capacidade de olhar com profundidade dentro do corpo, e descobrir que a depressão prolongada influencia diversos aspectos da nossa fisiologia como a batida cardíaca, a pressão arterial, os níveis hormonais e todo o sistema imunológico.

Obviamente podemos dissimular, aliás somos bons nisso. Podemos deliberadamente transmitir sinais físicos de raiva ou de afeto mesmo não sentindo essas emoções, somente para despistar os outros. Mas de certa forma essa capacidade serve para provar nosso ponto de vista. A mente e o corpo estão tão intimamente ligados que podemos até manipular essa conecção para servir aos nossos propósitos. Aliás, corrente de estudos Antropológicos argumenta que o inexplicável crescimento das dimensões do cérebro humano foi causado pela complexidade das relações humanas.

Adquirimos cérebro bastante grande em pouco tempo, aproximadamente em 100.000 anos, quando a vida humana era relativamente simples, caçar animais, colher frutas, construir simples utensílios de pedra, madeira e ossos. Dessa forma, a questão fundamental para a qual ainda não foi encontrada uma resposta é, que razão ou acontecimento causou o desenvolvimento de um cérebro assim tão grande antes de termos necessidade dele ou sabermos usá-lo. É extamente o mesmo cérebro capaz de calcular o movimento das estrelas e explicar a relação entre energia e matéria em todo o universo, o mesmo cérebro que concebeu Hamlet e a 5ª. Sinfonia e colocou o homem na lua e criou o World Wide Web, etc. Continua a ser grande mistério.

Uma teoria interessante, na qual tenho grande interesse, diz que necessitamos de um cérebro bem desenvolvido para gestir a complexidade das *relações humanas*. À medida que as famílias e grupos tribais cresceram e se diversificaram, diz a teoria que o sucesso e mesmo a sobrevivência passou a depender da habilidade de cada um de se relacionar com um maior número de pessoas, e de compreender rapidamente suas verdadeiras motivações e até manipular suas reações. Era preciso cérebro maior para compreender a infinita sutileza e complexidade ao interpretar as motivações internas dos outros, baseando-se nos sinais externos que emitiam. Estavam sendo amigáveis ou hostis? Eram verdadeiros ou falsos? Os mais habilidosos tinham claramente maior chance de sobrevivência. Assim herdamos um cérebro desenvolvido. É uma boa teoria.

Não sabemos se os fatos eram mesmo assim naquela época. Mas se considerarmos esta hipótese nos dias de hoje, verificaremos que faz parte da nossa vida cotidiana. Se pensarmos por um instante em nosso grupo de amigos e colegas, perceberemos que estamos acostumados a julgar não somente o caráter interno das pessoas mais próximas, mas também as pequenas mudanças de humor e motivação. Como fazemos isto? Lendo todas as manifestações físicas externas, das expressões faciais aos gestos e a postura do corpo, o movimento dos olhos, o tom da voz e assim por diante. Exercitamos esta habilidade todos os dias, a cada minuto, procurando aprender sobre o que acontece na mente e no espírito no modo como se revela no corpo, porque no fundo acreditamos que as duas partes estão profundamente ligadas.

Existe outro exemplo desta inseparabilidade de corpo e mente que me é muito atraente e que tem até um nome científico. É chamado de Efeito Biofilia. Foi demonstrado que o amor pela natureza é tão radicado em nosso Ser, que o prazer que sentimos quando caminhamos na grama ou em bosques se reflete em nosso organismo abaixando nossa pressão sanguínea e descontraindo nossa expressão facial. Sentimo-nos mais descontraídos quando estamos em meio ao verde do que quando estamos cercados por tijolos e cimento. O exercício físico em um contexto urbano pode queimar as mesmas calorias e alongar a mesma quantidade de músculos que uma corrida em meio a natureza, mas parece que só este último pode nos trazer o benefício desta interação do corpo e mente.

O Poder da Tradição Cultural

Por mais que possamos reconhecer e aceitar esta interação do corpo e mente, somos todos em maior ou menor intensidade, prisioneiros de nossas tradições culturais e espirituais. No Oeste, por milhões de anos o corpo e a mente foram considerados não só como entidades completamente distintas, mas muitas vezes como entidades em amargo conflito. Isto é particularmente verdadeiro na era Cristã, apesar deste dualismo não ser restrito ao Cristianismo. Historicamente falando há uma tendência profundamente enraizada de ver a mente apontando na direção dos céus, do paraíso, refletindo nossas mais altas aspirações espirituais. Enquanto isto o corpo é ligado à Terra, nossa parte animal dominada pelos nossos desejos mundanos e instintos animais. O espírito é, e de alguma forma continua sendo, a fonte do bem a ser encorajado e o corpo ou a carne é a fonte do mal a ser reprimido.

Podemos ver este intenso dualismo onde a mente e o corpo são vistos separadamente e em conflito exprimidos de várias formas através da História. Por exemplo, no Hinduísmo, com a prática do ascetismo, o corpo deve ser punido chegando quase à extinção para poder liberar o espírito de forma que este possa seguir em direção à iluminação. Flagelar o corpo com chicotadas ou espinhos tornou-se prática religiosa regular na Europa Medieval. O próprio nome da minha família deriva de uma prática semelhante ainda que não tão drástica. "Going woolward" é expressão inglesa que descreve a prática de usar uma camisa de lã virgem em contato direto com a pele para punir a carne e elevar o espírito de um Frei que tivesse rompido com seus votos. Durante o período da Inquisição chegou-se ao ponto de eliminar completamente os corpos corruptos de suas vítimas queimando-os completamente, como única forma de liberar suas almas aflitas. Na Inglaterra puritana de Cromwell, atividades como as festas de maio, feiras populares, idas ao teatro eram consideradas como render-se ao degradante desejo do corpo, poluindo a dignidade e pureza do espírito Humano.

Podemos considerar tais práticas, ou pelo menos a maior parte delas, bem sepultas no passado, mas a tradição cultural é longa e certamente permanece na memória. Mesmo nos tempos modernos, muitas pessoas não necessariamente Católicas praticantes adotam a prática de observar algumas restrições físicas durante a Quaresma, não comer chocolate e não beber vinho talvez. Uma punição corporal simbólica que deveria facilitar e tornar mais leve o percurso espiritual.

Mas o que quero enfatizar é que como resultado desta longa tradição cultural que persiste de vários modos até a Era Moderna, ao menos em muito da Medicina moderna, pode ser difícil para nós aceitarmos que não há distinção fundamental entre o nosso eu físico e o eu Espiritual. Certamente não podemos ver que são *"dois, mas não dois"*. Enfim, é um conceito que precisamos compreender. Reconhecer que tanto o sofrimento quanto a felicidade vêm de dentro e não de fora é fundamental para esta prática do Budismo. Da mesma forma, compreender que pré-eminente em nosso processo de cura está a nossa força vital. Acima de todos os outros fatores, recitar pode nos ajudar a manter boa saúde ou recuperá-la. É o conceito mais convincente em toda a teoria budista sobre a cura.

Temos hoje em nosso benefício sempre mais provas médicas e científicas que nos ajudam nesta compreensão. Soube do médico de meu filho que maior número de escolas de medicina está considerando o fator da autocura, incluindo o argumento nos Currículos de seus programas algo sobre os profundos efeitos benéficos e capacidade de cura de terapias alternativas ou espirituais onde se prevê a prática da prece ou da Meditação.

O Efeito Placebo

Médicos e Cientistas conhecem há muito tempo a interação entre Corpo e Mente chamada de "efeito placebo". Este é de fato um importante indicador do poder de *"dois, mas não dois"*. Permita-me explicar brevemente. Para estudar a eficácia de novos produtos Farmacêuticos existe protocolo de experimentação no qual a um grupo de pacientes é subministrado o fármaco, enquanto a outro grupo é dado uma pílula inerte, ou seja, uma pílula de açúcar ou algo semelhante. O propósito deste método obviamente é o de permitir ao medico de ver os diferentes efeitos nos dois grupos de pessoas semelhantes, os que tomam e os que não tomam o remédio.

Certamente não são enganados, todos os pacientes são informados sobre o método. Mas para fazer o teste em profundidade, nenhum dos pacientes sabe a que grupo eles pertencem, se estão tomando o novo fármaco ou não. É notável que muitos que tomam o remédio placebo, ou seja, o remédio fictício, descrevem efeitos positivos, muitas vezes consideráveis como se estivessem realmente tomando o remédio. Isto quer dizer que o *acreditar* em si que estão sendo medicados causou efeito igual ou muito semelhante dos que em fato tomavam o remédio. O poder da mente teve um poderoso efeito no Corpo.

Além disso, existe um número de doenças, que mesmo segundo os termos da Medicina convencional, têm sido consideradass como causadas pelo estado mental do paciente ao invés de causas físicas. De fato estas condições foram rotuladas como psicossomáticas. Sintomas típicos descritos desta forma são as úlceras internas e várias condições dolorosas da pele como eczema e herpes zóster. Isto pra dizer que a Medicina convencional aceita que o estresse crônico, a ansiedade persistente por um longo período de tempo ou o choque gerado por um evento traumatizante pode ter uma profunda repercussão no Corpo, mais que um profundo mau funcionamento físico.

Dito isto, é importante enfatizar mais uma vez que o Budismo nos ensina, de forma alguma, que podemos substituir a Medicina Moderna pelo uso de um forte Credo. O Budismo nos ensina que precisamos de ambos. A sabedoria para obter o melhor tratamento que a medicina moderna possa nos oferecer, e a coragem para reconhecer que a cura de nosso corpo e mente vem em último instante da nossa força vital. Precisamos de ambos.

Perquisas mais recentes demonstraram que mesmo de um momento a outro, existe um elo direto entre nossas emoções, digamos o que estamos sentindo em nossa cabeça, e o funcionamento físico do nosso coração. Durante períodos de extremo estresse mental e poderosas emoções negativas como raiva e tristeza, o bombeamento eficaz do coração se reduz. Quando sentimos emoções positivas como otimismo e alegria ou quando pacientes são encorajados a se concentrarem em emoções positivas e construtivas, o coração parece estar em estado de maior agilidade e flexibilidade.

Em longo prazo um contínuo estado vital negativo está claramente associado à deterioração generalizada nos sistemas do corpo. As pesquisas identificaram efeitos psicológicos de vários tipos, mas todas apontam condição de perigo vital devido ao enfraquecimento das funções imunológicas que aumentam o risco de doenças cardíacas e do câncer.

Para nossa fortuna o contrário é também verdade. Há sempre mais provas que demonstram que atitude mais positiva e otimista estimula o sistema imunitário e aumenta a nossa capacidade de resistir ou de superar a doença, de abaixar a pressão arterial e de regularizar a batida cardíaca. Podemos dizer que a felicidade faz o coração bater por mais tempo.

Analizando esta crescente pesquisa Médico-Científicca sob o ponto de vista do Budismo de Nitiren, parece claro que esta prática coloca poderoso instrumento em nossas mãos, já que nos dá a possibilidade de escolher. Podemos todo dia escolher desafiar a negatividade em nossas vidas, que agora sabemos pode ter efeito devastador na nossa saúde. Todo dia podemos mudar nossa vida para o lado mais positivo do espectro que agora sabemos nos beneficia imensamente a Saúde. É claro que Saúde não significa simplesmente a ausência de doença ou ansiedade em um momento em particular, é ao contrário a criação de um forte estado vital, que podemos escolher fortificar a cada dia, que nos ajudará a combater e superar a doença e ansiedade que inevitavelmente surgirá em nossas vidas.

Voltando a Casa

Como podem imaginar, há várias reações quanto a esta prática como há pessoas que a encontram. Cada um tem sua visão pessoal, mas uma frase dita regularmente, ainda que expressa de formas diversas, é "voltar a casa". Extraordinariamente algo semelhante foi expresso também no tempo de Sakyamuni. Parece que muitos de seus seguidores falavam de uma sensação de unir-se ao grande fluxo.

Isto em si não é suficiente. Os ensinamentos de Nitiren precisam ser discutidos, mastigados e testados contra a realidade de nossas vidas, e de fato nos pediu para fazer. Nitiren dizia constantemente para não aceitarmos nada com base em um valor aparente, mas para buscar uma prova concreta do funcionamento da prática conforme o progresso cotidiano da nossa vida e das nossas relações.

Naturalmente não devemos também colocar a parte nossa reação espiritual inicial. O Budismo de Nitiren não se baseia exclusivamente no intelecto tendo muito a ver com o coração. Isto é particularmente importante em relação a estes dois princípios fundamentais; a unicidade do Ser e o meio ambiente do qual falamos em capítulo anterior, e este, a unicidade do corpo e da mente. Ambas são certamente ideias fascinantes e em muitos aspectos são contrárias às tradições culturais e espirituais que fizeram parte da vida de muitos de nós. Mas é importante que as vejamos pelo que elas são, porque não representam somente tema de discurso acadêmico interessante, mas incompreensível e inacessível. É acima de tudo uma descrição prática da nossa vida cotidiana.

Estas duas ideias fundamentais juntas parecem explicar como a prática da recitação pode ter efeito profundo sobre nossas vidas e nosso meio ambiente. À medida em que *nós* mudamos e criamos valor em nossas vidas, mandamos as ondas de mudança para o nosso Ambiente. Da mesma forma, como a Mente e o Corpo não são duas coisas distintas mas simplesmente dois aspectos intimamente relacionados da nossa vida individual, recitar coloca a mente e o corpo em harmonia, e fazendo-o liberar energia espiritual que nos dá a vitalidade necessária para curarmo-nos ou nos levantar do desespero.

CAPÍTULO TREZE

Visões Modernas
da Vida e da Morte

É impossível escrever livro sobre o Budismo sem mencionar os temas do renascimento ou reencarnação. Em parte porque é um dos poucos termos Budistas que no Ocidente se transformou em lugar comum se assim podemos dizer. Aliás, é o primeiro assunto abordado pelas pessoas quando sabem que somos budistas praticantes, isto porque pensam ser um assunto extremamente interessante.

Mas hà outra razão muito mais importante para falar da visão Budista do que acontece no fim desta vida em particular, e é imensamente positiva. Tem o potencial de ser de grande benefício em várias formas. Para aqueles que negam qualquer consideração sobre a morte e simplesmente se recusam a aceitar a realidade ou aqueles que se torturam por ansiedade e medo dela. Cheguei ao Budismo vindo do Catolicismo. Tive grande dificuldade com a ideia de renascimento ou reencarnação por muito tempo. Para ser honesto, ainda tenho. Mas com base na minha experiência posso dizer que qualquer que seja o credo, ou a ausência de credo, estudar a visão Budista da morte e de como a morte está ligada à vida pode ser iluminador e de grande ajuda. Ao mesmo tempo é importante enfatizar de que não é necessário compreender ou acreditar no princípio da reencarnação para iniciar a prática do Budismo.

O fato fundamental que todos devemos nos confrontar é que toda a vida, em última instância, é sobre a morte. Existe uma velha e impressionante lenda Hindu que fala de um deus que formulou uma questão: *"Qual é o maior Mistério do Universo?"*. Ninguém ousava responder à pergunta tão profunda. Depois de uma longa pausa, a mesma divindade resolveu dar a resposta:

"O maior mistério do Universo é que apesar de todos os seres Humanos que viveram nesta Terra estarem mortos, não há um Ser Humano vivente que ache fácil compreender que isto acontecerá com ele também."

Sakyamuni nos conta uma estória semelhante. Em uma aldeia uma mãe se aproximou completamente desolada pela morte do filho. A mãe implorou que Sakyamuni usasse todo o seu poder para ressuscitar seu filho. Sakyamuni não a desencorajou e disse que o faria, somente se ela lhe trouxesse um grão de mostarda colhido em uma casa onde nunca ninguém tinha morrido. A mulher foi chorando de casa em casa por toda a aldeia e assim fazendo, compreendeu a inevitabilidade da morte.

Estas estórias acertam no alvo com precisão e são muito significativas porque todos nós reconhecemos imediatamente a verdade inclusa nelas. O fato extraordinário é que, segundo a Ciência, o Homem é o único Ser no Universo que tem consciência da própria mortalidade. Tudo no Universo, seres não viventes, assim como seres viventes passam pelo mesmo ciclo, o grande ciclo do nascimento, crescimento, declínio e morte. Toda a evidência que temos indica que este interminável ciclo se aplica a tudo que conhecemos, desde a imensa Galáxia que orbita com em sua panóplia de luz no lado escuro do Universo ao menor dos micróbios emergindo do solo na escuridão.

Voltarei a este pensamento já que são importantes na visão Budista de vida e morte, mas o ponto que me interessa no momento é que somente Seres Humanos têm consciência, desde jovens, da inevitabilidade da morte. Todas as outras criaturas morrem obviamente, mas do que sabemos tornam-se conscientes de sua morte somente momentos antes de acontecer. Por um lado podemos dizer que ocupamos uma posição privilegiada, mas por outro carregamos um peso enorme enquanto podemos contemplar a morte à distância e refletir sobre seu significado em relação a vida. Disseram muitas vezes que o mistério da morte é o maior problema que o indivíduo deve enfrentar.

Para a maioria de nós parece ser mais um peso do que um privilégio. Por mais normal e natural que o evento da morte possa parecer não é assunto no qual queremos pensar. Aliás, fazemos de tudo para evitá-lo por mais que esteja debaixo do nosso nariz nas notícias dos jornais, que falam de acidentes ocorridos perto de casa, ou de desastres mais distantes nesta ou naquela parte do mundo.

Mas não é a mesma coisa que refletir sobre a morte a nível individual. De fato, apesar da sofisticada e progressiva liberação da Sociedade no Oeste, o tema morte continua sendo um tabu. Quando você passou aos menos uns minutos falando sobre o assunto? A Sociedade Ocidental fez muito para isolar-se da morte garantindo que as pessoas mortas "fossem tratadas" por um pequeno número de grupos médicos e sociais especializados, doutores, enfermeiros, agentes funerários e etc. Tivemos tanto sucesso nas últimas décadas que mesmo com a morte de milhões de pessoas a cada dia por um motivo ou outro, a maior parte das pessoas no Ocidente podem viver sem ter contato com a morte, a menos até que devemos enfrentá-la face a face.

Porém existe uma pena que acompanha essa abordagem, medo do desconhecido. De fato esse medo é maior nesta geração que em qualquer outra anterior, isto porque talvez o consolo oferecido pelas religiões não seja mais efetivo nem aceito em grande escala. O processo de diluição e erosão da influência religiosa vem acontecendo por um longo tempo, com a ascenção do poder e influência da Ciência e Tecnologia em cada aspecto das nossas vidas. Temos nos distanciado das injunções e promessas da religião nos movendo em direção as certezas da Ciência. A perda é que, enquanto a religião nos fala muitíssimo sobre o significado e as implicações da morte como parte da vida, a Ciência virtualmente não tem nada a dizer. Esta é talvez a razão pela qual a morte seja tão temida hoje e vista como tragédia, grande perda, ao invés do evento Humano natural que é.

Esta é a visão da morte capturada tão pungente e acuradamente no poema O Aubade de Philip Larkin.

"Trabalho todo dia e me embriago à noite.

Acordo às quatro e olho fixamente na escuridão silenciosa.

Aos poucos se clareará a borda das curtinas.

Até revelar o que já está lá; incansável morte que está um dia mais próxima.

Tornando todo pensamento impossível, mas como, e onde e quando devo morrer.

Arida interrogação: ainda o pavor da morte e de estar morto se apresenta de novo para permanecer e horrorizar.

A mente se perde no pensamento. Não em remorso; o bem não feito, o amor não dado, o tempo despedaçado e desperdiçado Não miseravelmente porque uma só vida pode levar muito tempo para purificar-se do error inicial e talvez nunca o faça.

Mas para o total vazio eterno, a extinção certa para onde viajamos e estaremos para sempre perdidos. Não estar aqui, não estar em nenhum lugar

E logo; nada mais terrível. Nada mais verdadeiro."

Uma visão realmente aterrorizante do vazio no fim da vida. Mas há outro fator que em minha opinião está se tornando cada vez mais importante, forçando as pessoas de todas as gerações, jovens e idosas a encarar a difícil questão colocada pela morte. O fato é que a Ciência Médica se tornou capaz de alongar o último período da nossa vida quando muitas de nossas faculdades e habilidades físicas se enfraqueceram e constringindo-nos a contemplar a escuridão da morte por um período muito mais longo. Isto vale tanto para os idosos que estão na fase final da vida como para os jovens que são obrigados a ver seus pais atravessarem essa fase de perda das faculdades mentais onde em muitos casos não reconhecem mais as pessoas amadas. Pode ser um período de grande dor e que deixa cicatrizes profundas para todas as pessoas envolvidas. Por esta razão, senão outra, é bom refletir sobre a inevitabilidade da morte.

Há duas opções que devemos considerar. Uma pode ser chamada de Visão Religiosa, construída no decorrer de anos de contemplação e revelação. A outra é a Visão Científica que emergiu mais ou menos nos últimos duzentos anos, como a Ciência tem suplantado a Religião como uma força dominante na sociedade.

A Visão Religiosa: O Desejo por Imortalidade

Todas as Religiões se preocupam em transmitir seus pontos de sabedoria acumulada sobre nossa Existência que não podem ser vistas nem tocadas. De onde viemos, a natureza da nossa vida espiritual, enquanto estamos aqui e para onde vamos quando deixamos esta existência. Essa é a substância de todas as religiões. É disso que se ocupam. Claramente nenhuma Religião tem o Monopólio da verdade nessas áreas já que estão por definição, lidando com especulação onde não se pode encontrar nada semelhante a uma prova empírica. Este é um ponto crucial frequentemente ignorado. Podemos exigir provas resultantes de experimentos Científicos já que está lidando com o que pode ser claramente medido, pesado ou observado. Assim, a propósito de um experimento científico podemos perguntar "é verdadeiro ou falso?" Porém no caso da Religião que lida com o invisível e o imensurável não podemos nem considerar tal pergunta. Faz muito mais sentido utilizar outra forma de medida que pode expressada de uma forma melhor como "funciona?".

Isto nos faz retornar a uma das questões fundamentais que age como fio condutor desta obra, sobre o *propósito* da Religião em nossas vidas. Funciona? Ou seja, ajuda-nos a viver vidas mais completas. Ajuda-nos a fazer melhores julgamentos e agir de forma a incrementar a quantidade total de felicidade Humana? Ajuda-nos a morrer em paz?

Portanto, estamos aqui essencialmente falando de especulação, e há dois pontos que parecem se destacar. Um é que todos nós devemos encarar nossa mortalidade mais cedo ou mais tarde, mesmo que as discussões religiosas sobre a morte ocupe uma posição marginal em nossas vidas, permanece o ambiente cultural no qual fomos educados. No mínimo nos incentiva a pensar no assunto e chegar a um acordo. Nossa tradição cultural sem dúvida influencia profundamente o nosso modo de viver.

O segundo ponto é que todas as religiões ensinam que a morte não é um ponto de chegada, mas uma transição da vida ao nada absoluto. Todas as maiores Religiões do Mundo oferecem uma consolação de algum tipo de continuação da vida depois da morte. A precisa natureza desta vida ou continuação dela é fundamentalmente diferente de Religião para Religião como é de se esperar, mas todas fazem esta grande promessa da continuidade que tem sido um enorme tema através de toda a História da Humanidade. Tornou-se conhecida como o desejo por Imortalidade.

Quanto mais nos aprofundamos no passado, vemos civilização que enterraram seus mortos não simplesmente com grande respeito, mas também com bens e suplementos dos quais pudessem precisar na próxima vida para reestabelecer seu status e para assegurar seu Bem- Estar.

Hoje não se sepultam mais os mortos com seus bens, mas resta a fé na imortalidade. Por exemplo, a tradição Cristã e Islâmica ensina que cada indivíduo possui somente uma vida criada e dada por Deus, e uma Alma ou essência Espiritual que vive além da morte pela eternidade. O que acontece precisamente com a essência espiritual depende de como a vida foi conduzida. Pode estar em um lugar para a punição, Inferno, ou recompensa, Paraíso, ou um lugar intermediário, Purgatório. Parece que a Igreja Católica está em processo de eliminar a idéia do purgatório.

Muitas Religiões Orientais ou Asiáticas como o Hinduísmo e incluindo o Budismo falam da desintegração do corpo, da destruição da identidade física, mas da existência eterna de uma força vital espiritual ou "entidade vital" que reaparece vida após vida nunca se extinguindo.

Existe uma considerável diferença entre o conceito de alma e "entidade vital", mas em ambos os casos acredita-se que uma parte do ser é imortal.

A Visão Científica da Morte: O Fim

Como já vimos a Ciência não tem muito para dizer sobre a morte. Pode falar detalhadamente sobre a concepção e o crescimento do feto no útero materno, da desintegração do corpo após a morte mas compreensivemente não tem nada a dizer sobre algo que possa ser descrito como Alma, ou a existência contínua de uma Entidade Espiritual. Isto está muito além da competência da Ciência. Mas as implicações da Posição Científica não terminam aqui. A Lógica Científica diz que com a decomposição do corpo o cérebro também se decompõe juntamente com os recursos a ele associados, como a mente, a consciência, a memória e o senso de si próprio. Em síntese todos os elementos que usamos para definir a nossa individualidade. Os Filósofos definem a mente em termos da nossa total capacidade de pensar e sentir e, a maioria de nós está inclinada a concordar com esta definição. Nossa mente é maravilhosa e única, representa tudo o que somos, tudo o que pensamos e sentimos, experimentamos e desejamos. Mas os Cientistas com frequência descrevem a mente em termos do movimento de potássio e íons de sódio nas membranas celulares. Talvez seja esta a realidade. Não estou em posição de julgar e quem está? A única coisa que podemos dizer é que as membranas celulares não sobrevivem à decomposição do corpo.

Com base nisto, a ideia de uma essência ou eu espiritual "escapar" do corpo no momento da morte e continuar sua existência em outro lugar parece ser irracional e não científica e assim muito difícil de manter. Esta é uma das principais razões para o argumento que o progresso da Ciência nos últimos cem anos, apesar de todos seus indiscutíveis benefícios, representou papel importante no desmantelamento e erosão de uma coerente Filosofia Espiritual na Sociedade do Ocidente. Tal desmantelamento por uma vez está ao centro da instabilidade, da incerteza e da falta de objetivos espirituais típico da Sociedade contemporânea.

Dito isto, é ironia que muitos Cientistas que dedicam toda a vida na busca do racional e definível, não obstante mantém fé inabalável na existência de uma forma de vida depois da morte. Ironia certamente, mas também, claro, uma fonte de grande conforto para o restante de nós. O Homem não pode viver com base somente na Ciência!

No entanto, a visão racional e Científica deixa as organizações Religiosas vulneráveis, para serem acusadas de que seus ensinamentos sobre após a morte tenham base não tanto no conhecimento, mas em motivações diversas, como por exemplo, a de fornecer consolação e esperança às pessoas comuns como Philip Larkin que temem a escuridão e a vazia morte. Ou, como alternativa, estabelecendo forte estímulo moral para que as pessoas vivam vidas melhores e mais responsáveis aqui e agora, procurando evitar punição na próxima existência.

A grande revolução que dividiu a Igreja Católica no século XVI aconteceu ao menos em parte porque a Igreja reivindicou ter conhecimento especial sobre a morte, e estava usando para manipular a vida das pessoas. Vendiam em grande quantidade o que chamavam de Indulgência Papal, pedaços de papel que garantiam as pessoas de escapar a punição por pecados cometidos nesta vida. Desta manipulação Universal nasceu a cisão da Reforma.

Isto levanta a questão fundamental que representa o núcleo do debate e é importantíssima para todos nós. A nossa atitude com relação à morte tem efeito profundo em como vivemos nossa vida aqui na Terra.

Uma Questão de Vida ou Morte

Na Idade Média quando a influência da Igreja Católica estava no seu auge na Europa, cada igreja expunha em lugar de evidência os chamados quadros do Juízo Final. Eram pinturas que exibiam com cenas detalhadas as maravilhosas recompensas no Paraíso e as cruéis punições infinitas no Inferno, segundo as boas ou más ações cometidas nesta vida. Essas obras não eram marginais ou simplesmente decorativas. Constituiam um importante e crucial método da Igreja para tranmitir sua mensagem central para as pessoas analfabetas. A Igreja queria que a visão de *morte* que exibida afetasse o modo de *viver* das pessoas.

Os tempos mudaram radicalmente, mas a Natureza Humana mudou? Perguntam-se mais do que nunca aos Cientistas de serem precisos em determinar quando exatamente a faísca da vida chega ao feto e quando se extingue com a morte. Os Estados Unidos se dividiu ao meio desde o homem da rua até o próprio presidente quando em 2005 foi removido o tubo de alimentação de Terri Schiavo, uma jovem mulher paralizada. Por quê? Porque trouxe à casa de cada um a escolha fundamental entre o que já sabemos, a vida e a luz, ainda que uma vida tristemente diminuída e a morte e seu grande desconhecido.

Podemos dizer que a pavorosa figura moderna do terrorista suicida, pronto a destruir a própria vida por uma causa, pode existir somente graças à convicção certa ou errada que morrer nesta circunstância dá acesso imediato a um Paraíso no qual viverá em perfeita beatitude. Antecipo-me em sublinhar as palavras *"certo e errado"*. Li e estudei o Coran com professores Islâmicos durante o período que trabalhei e vivi no Oriente Médio, mas não estou em posição de dizer se tal promessa existe em suas páginas e não estou de forma alguma sugerindo isto. As próprias autoridades Islâmicas estão divididas quanto ao argumento. Mas não há dúvida que seja qual for a verdade esta informação foi difundida, mesmo que somente em forma de propaganda e serve para alimentar o recrutamento de jovens preparados a dar suas vidas em sacrifício. Neste sentido penso que não há dúvida que suas visões da morte influenciam profundamente como vivem.

Para usar exemplo menos extremo e mais do dia a dia, se a ideia da morte representa o fim de tudo, que nada existe depois, não é difícil imaginar que esta ideia poderia induzir a um enfoque egoísta da vida, baseado no momento presente do tipo "aproveite enquanto puder". Uma vida baseada principalmente na aquisição de bens materiais sem preocupar-se com os efeitos que possam causar aos outros ou ao mundo a nosso redor. Acompanhar o passo dos vizinhos ou fazer melhor que eles poderiam fazer facilmente pode se transformar no objetivo primordial da vida. Muitos dizem que esta é de vários modos a característica distinta da Sociedade Moderna, consumismo disparado levado ao extremo, pronto a permitir a destruição do meio ambiente que nos mantém vivos.

Desde que a morte neste cenário significaria a perda ou negação de tudo para o qual vivemos em termos de posses materiais, esta abordagem em relação à morte seria temerosa e estressante. Poderia ser vista somente sob ponto de vista da perda. De fato existe uma frase muito utilizada e criada especificamente para descrever esta situação desesperadora, *"não podemos levar conosco"* nos lembra. A insinuação clara é que devemos gastar e apressarmo-nos para nos divertir em uma espécie de ímpeto maníaco de fazer tudo antes do 'minuto final. No mínimo deveríamos considerar que esta é essencialmente uma situação moderna, introduzida pelo consumismo inconspícuo do século passado. Nitiren Daishonin escreve com beleza e compaixão para as pessoas ao seu redor que estão enfrentando o mesmo dilema Humano.

"Por mais que você possa estar em companhia dos nobres da corte, com penteados arrumados elegantemente como nuvens, e com as mangas esvoaçantes como redemoinhos de neve, tais prazeres, quando paramos para considerá-los, não são nada mais do que um sonho dentro de um sonho. Por fim deverá descansar sob um tapete de grama aos pés da colina e todos os seus dosséis de jóias e cortinas brocadas serão inúteis a você na estrada para o além."

Da mesma forma podemos intuir os vários efeitos resultantes de considerar a morte como o momento em que seremos julgados, em que nosso esforço para lidar com os desejos, dores e tentações da vida mundana será colocado na balança pelo supremo criador. Um comportamento semelhante poderia representar a chamada "tábua de salvação", tão clara em sua definição, capaz de ajudar-nos a superar todas as dificuldades da vida com a convicção de desfrutar uma vida maravilhosa depois da morte. Ou poderia talvez tranformar-se em fonte de medo, pressentimento e sentimento de culpa poderosa suficiente a ponto de criar uma sombra de terror nos últimos anos de nossa vida. Quando o Papa João Paulo faleceu em abril de 2005 a edição da revista Time que fez a cobertura do evento, publicou uma frase de grande efeito como título de uma das imagens principais. Lia-se, *"O Papa assegurou-se que sua mensagem era clara: somente Deus pode dar ou retirar a vida."* Seria impossível aceitar esta visão da morte sem ter uma enorme repercussão em todas as outras esferas da nossa vida, não seria?

É Para Nós Escolhermos

Então, onde esta reconhecida discussão das duas opiniões, Religiosa e Científica nos leva? Há três pontos principais que gostaria de fazer.

O primeiro é que não importa o quão dominante seja a força da Ciência na Sociedade Moderna, seria imprudente deixá-la ter a última palavra sobre a natureza da morte, já que a morte está além de seu domínio. A Ciência afirma não estar em posição de expressar-se em assuntos da Espiritualidade, ou temas sobre a Natureza da eternidade entre muitos outros, escolhendo de exercitar sua autoridade somente em assuntos e áreas que foram objeto de investigação Científica. Daisaku Ikeda explica de forma sucinta.

"Teorias Científicas estão e devem estar sujeitas a provas teóricas eexperimentais de validade. Os métodos para

validar as Hipóteses religiosas são diferentes. Em primeiro lugar hipóteses religiosas devem ser julgadas conforme sua capacidade de explicar o fenômeno da vida para o intelecto Humano. Em segundo lugar devem ser julgados de acordo com sua eficácia em fornecer fundamento para o julgamento e a ação Humana. Em outras palavras, devemos perguntar se as hipóteses Científicas são verdadeiras, enquanto que devemos perguntar se as Hipóteses Religiosas têm algum valor para a melhoria das qualidades da Humanidade."

O segundo ponto é que a ideias da existência de algo depois da morte, de uma natureza ou outra, pode conseguir uma grande longevidade. De uma forma ou outra persistiu através da História da Humanidade. Assumiu formas semelhantes em vasta e diferentes culturas e sociedades amplamente separadas. Esta persistência não cria logicamente alguma forma de validade. Estamos lidando com especulação. Tudo que a persistência prova é que estas ideias se identificam com algumas necessidades profundas da psique Humana.

O terceiro ponto é que estas ideias podem ser especulações, mas são profundamente beneficas também, poderiam ser discutidas até em termos da Evolução. O Homem é essencialmente um Animal Social. Ele foi capaz de sobreviver e florescer em grupos sociais. A ideia de vida depois da morte e que esta é profundamente afetada pelo modo em que vivemos, esta vida tem implicações sociais imensas. Pode não somente fornecer força interior e determinação nos períodos de dificuldade, mas também encoraja características sociais difíceis de definir em termos de evolução como o altruísmo, a generosidade e o cuidado desisteressado com os outros.

Deste ponto de vista o conceito Religioso de uma vida eterna tem extraordinário poder em melhorar a qualidade da vida Humana. Baseia-se na constante promessa de que as ações que criam valor para si tanto quanto para os outros, que apóiam e encorajam pessoas dentro de um grupo, indubitavelmente trarão benefícios para a vida sucessiva. Enquanto isto, obviamente, tais ações aumentam a capacidade de sobrevivência e qualidade de vida do grupo como um todo.

Isto se alinha perfeitamente com os critérios enfatizados por Daisaku Ikeda na citação anterior, "...*devemos perguntar se as Hipóteses Científicas são verdadeiras, enquanto que devemos perguntar se as Hipóteses Religiosas têm algum valor para a melhoria das qualidades da Humanidade.*"

É neste contexto que examinaremos a visão Budista da vida e da morte.

CAPÍTULO QUATORZE

A Visão Budista da Vida Eterna

Afirma-se com frequência que os problemas colocados pela morte estão no coração da Filosofia Budista, uma avaliação que claramente tem origem nas estórias pessoais de Sakyamuni e Nitiren Daishonin. Sakyamuni deixou sua casa e família porque estava comovido pelo grande sofrimento que viu ligado à vida, em particular a velhice, a doença e a morte. Ele sentiu que deveria encontrar resposta, de algum modo, para poder ajudar os comuns mortais a superar os problemas que acarretavam. Quando Nitiren por sua vez entrou para o Monastério com a idade de doze anos mais ou menos, ficou comovido com o sofrimento vivido pelas pessoas comuns devido à confusão existente nos ensinamentos que prevaleciam na Sociedade naquela Época. Nitiren também se concentrou no mistério da morte. Percebeu que não poderia enfrentar os problemas da vida corretamente sem primeiramente compreender os mistérios da morte.

A questão para nós parece ser clara. Mesmo não sendo necessário acreditar na ideia da reencarnação para iniciar a praticar o Budismo, é importante entrar em contato com a visão Budista da morte e sua relação com a vida.

O Budismo ensina sobre a eternidade da vida, que todas as formas de vida incluindo os Seres Humanos nascem e morrem, mas que a energia vital interior vive para sempre. Isto significa que não existe criação da matéria nem destruição. A modernidade destes ensinamentos é extraordinária sendo que também para a Física a energia não pode ser criada nem destruída. Existe um grupo de leis chamadas de Leis da Conservação da Energia e da Matéria que propõem que toda a quantidade de energia e matéria no Universo é fixa. Não pode ser aumentada nem reduzida. Porém é constantemente intercambiável de modo a poder modificar-se de uma forma para outra e um estado para outro em um ciclo constante e eterno.

Para dar um exemplo do cotidiano, o calor da energia solar se une a vários nutrientes do solo para produzir de uma semente um pequeno arbusto e com o passar dos anos uma árvore grandíssima. A árvore poderia ter sido cortada nos seus primeiros anos para ser transformada em lenha produzindo certa quantidade de calor e luz durante sua combustão e por fim as cinzas. A forma da matéria e da energia transformou-se radicalmente, mas a Ciência afirma que no final a quantidade de matéria do calor e luz produzidos neste processo continuou a mesma. Não se perdeu e não se ganhou nada.

Por outro lado a árvore poderia ter crescido e produzido flores por muitos anos antes de ser derrubada por uma tempestade e começar a apodrecer lentamente na terra.

Durante o período de decomposição se tornaria o refúgio e alimento para inteiras colônias de seres viventes desde os micróbios e insetos aos musgos e líquens, cada um dos quais passariam pelo mesmo ciclo de nascimento, amadurecimenhto, declínio e morte. A única variável, dependendo do caso, seria o fator tempo; questão de meses para alguns dos insetos, alguns anos para os musgos e líquens e algumas centenas de anos para a árvore em si. Mas o ponto é que em cada estágio do processo, a energia e a matéria simplesmente mudou de uma forma para outra. Quando são feitas todas as somas, quando são consideradas todas as transformações de energia e matéria, a Ciência nos diz mais uma vez que nada foi adicionado à quantidade de energia e matéria já existentes no Universo e que nada foi perdido ou escapou do Universo. Muitas formas de vida nasceram e muitas morreram, mas o total de energia e matéria no Universo continua o mesmo.

O fato extraordináro como já disse é que o Budismo ensina quase o mesmo conceito. Apesar de que é importante enfatizar que o Budismo não procura validação da Ciência, assim como a Ciência nunca procura apoiar os ensinamentos religiosos. É inquestionavelmente notável que através da inexplicável natureza de sua iluminação, Sakyamuni estava ensinando sobre a Lei da Conservação da Energia e matéria muitas centenas de anos antes que tivesse nome.

Continuidade e Renovação

Em resumo, o princípio Budista de vida eterna incorpora esta ideia central de continuidade e renovação.

A morte não é vista no Budismo como o fim, mas um período de descanso. Em outras palavras, o que chamamos de vida não é composta de um estado, mas sim de dois. Tem períodos de existência manifestada nesta Terra e períodos de descanso e latência que chamamos de morte. O Budismo descreve esses períodos de latência nem como existência ou não existência, onde a força ou energia vital inerente na vida se une à vastidão do oceano de energia vital que permeia o Universo. Nossa energia vital ou "entidade vital" se alterna entre estes dois estados em um ciclo contínuo. A ideia central no Budismo é que em cada período de vida existe o potencial da morte e em cada período de morte exista o potencial de uma próxima vida. Nada se cria e nada se destrói. Em cada período de existência ativa e manifestada nossa vida segue o ciclo fundamental comum a tudo no Universo, ou melhor, o próprio Universo; nascimento, crescimento, envelhecimento e morte. A energia vital na nossa vida simplesmente muda de estado, fluindo suavemente da morte para o estado de latência pronto para fluir novamente em uma nova vida.

Nitiren procurou várias vezes descrever este senso de continuidade para seus seguidores falando da vida e da morte, como as conhecemos, sendo as duas funções da vida eterna.

Entre muitas analogias possíveis, a que nos é familiar instantaneamente é o ciclo do adormecer e despertar. Levantamo-nos de manhã e nos lançamos em todo tipo de atividade, cheios de energia. Deslocamo-nos, interagimos com outras pessoas, respondemos aos problemas e desafios, refletimos sobre algumas coisas e decidimos sobre outras. Rimos e choramos talvez. Experimentamos raiva e júbilo e depois à noite quando fizemos o suficiente, terminamos o dia e vamos dormir.

Durante o sono profundo é como liberássemos a nossa vida, não estamos conscientes por assim dizer. Logicamente podemos sonhar, mas não iniciamos pensamentos ou ações. Ainda que consideremos o sono uma atividade normal, continua representando mistério para os cientistas. É um estado de Ser tão diferente que representa um enigma para os cientistas de qual sua função e relação com o nosso eu "alerta". Por exemplo, eles não são capazes de indentificar nenhuma função vital biológica restaurada pelo sono. Para citar um exemplo, os músculos do corpo parecem não precisar do sono, necessitam somente de intermitentes períodos de descanso. Pesquisas feitas recentemente identificaram um propósito para o sono, parece servir para refrescar o cérebro dando-lhe tempo para consolidar as informações acumuladas durante o tempo em que estamos acordados.

Uma das poucas coisas claras neste mistério em geral é que o sono é universal e vital. Em todo o Reino Animal, da majestosa baleia à minúscula mosca da fruta, todos os seres necessitam de seu período de sono. Assim, o sono é considerado um dos ingredientes essenciais da vida juntamente com água e comida. Mais além, se os Seres Humanos não dormirem por um extenso período de tempo, tornan-se sempre mais incapazes de agir como seres coerentes e ativos, até o cérebro falhar como um computador sobrecarregado, e se recusam a continuar. Nós precisamos dormir.

Depois do repouso nos levantamos com energia renovada e dedicamo-nos ao ciclo de nossas várias atividades, movemo-nos de uma parte a outra, nos relacionamos com as pessoas, etc. O sono não é somente ausência de pensamento e ação, pode ser considerado como um estado diferente do Ser e neste sentido nossas vidas têm duas fases claramente definidas, uma de atividade e uma de repouso. Podemos dizer que são dois aspectos do mesmo Ser Humano. De forma semelhante, o Budismo ensina que a vida e a morte são duas fases da vida inerentes na vida do Ser Humano comum.

Parece que desta perspectiva, a morte não é um fenômeno diferente e certamente não é um fim ou uma anulação. É um estado diferente de ser. O Budismo usa a frase *"nem existência nem não existência"* para descrevê-la. Não há um paralelo preciso em Inglês por isso temos a tendência a usar a palavra "latência". Assim como o estado do sono é tão diferente de despertar que os cientistas podem formular hipóteses ou suposições sobre sua verdadeira natureza e propósito, da mesma forma não nos deveríamos sentir desconfortáveis se achamos difícil compreender o conceito de *"nem existência nem não existência"*. Representa um campo onde existe muita especulação e pouca certeza. Talvez o ponto mais importante seja o de abordar o argumento para que possamos aprofundar nossa compreenção e diminuir nosso temor.

Tudo o que foi dito até agora pode servir para o crente ou ser de conforto para o amedrontado espírito Humano. Mas tenho a impressão de ter já ouvido a observação cética "Qual é precisamente a parte que vive para sempre?"

Esta é a questão crucial, não é? O único elemento deste processo do qual temos certeza, é que aquele aglomerado de proteínas e substâncias químicas que formam o corpo físico chamado por exemplo de John Brown, está destinado a decompor-se pouco depois da morte. Sobre isto não temos nenhuma dúvida, e sabemos que tal processo envolve todos os funcionamentos mais importantes para a Consciência do Eu, como a inteligência e a memória. Então, como uma parte de John Brown pode estar envolvida em um processo de eternidade?

A Natureza da Identidade

A visão Cristã de vida e morte é bastante familiar para nós, mas vale a pena mencioná-la brevemente para compararmos as diferenças em relação à visão Budista. Fundamentalmente o Cristianismo diz que no momento em que o óvulo é fecundado, Deus cria uma vida única a qual dá uma essência espiritual única chamada de alma. Quando a vida individual acaba, no momento da morte, a alma que lembramos aqui é única e se identifica totalmente com o indivíduo, vive eternamente no Paraíso, no Inferno ou naquele lugar intermediário chamado Purgatório. Segundo esta hipótese que está na base da cultura Ocidental, cada indivíduo possui somente uma vida terrestre e os eventos que acontecem durante esta vida em particular determinam o que acontecerá por toda a eternidade.

No Budismo, ao contrário, não existe o conceito de alma, nem aceita o processo que pode ser chamado de criação, sendo que toda energia e matéria já existiam no Universo e nada pode ser adicionado. Ao invés, existe no

Budismo um conceito essencial de um aglomerado de energia vital, a entidade vital. Durante a fase de vida, uma entidade vital individual se reúne com os elementos ou componentes necessários para criar o indivíduo. Com a morte estes mesmos componentes se separam ou desassociam, e a entidade vital entra em um período de latência. Quando existem as condições necessárias, esta energia vital se une novamente com os outros elementos essenciais para criar outra vida individual e assim por diante por toda a eternidade.

O Budismo descreve os elementos essenciais que se unem quando o espermatozóide fertiliza o óvulo ou quando a vida individual se inicia como Os Cinco Componentes. É importante lembrar que Os Cinco Componentes definem o Ser como um todo, tanto em seu aspecto físico quanto espiritual, desde que vimos que no Budismo, o aspecto físico e o espiritual são inseparáveis. Brevemente, Os Cinco Componentes são descritos da seguinte forma:

Forma ou o corpo físico e os sensores ou sentidos que nos possibilita receber um contínuo fluxo de informações do nosso ambiente.

Percepção ou o processo de receber este contínuo fluxo de informações através dos nossos sentidos e colocá-los em ordem para que tudo ao nosso redor tenha um sentido lógico.

Concepção, a capacidade inata que temos de interpretar as informações recebidas e decifrá-las de modo a termos uma lógica.

Volição, a capacidade de tomar decisões com base nas nossas análises.

Consciência, de certo modo é a capacidade de unir as quatro habilidades precedentes; receber informação, compreender sua dimensão física e emocional, formular um julgamento e tomar uma decisão e agir conforme as informações recebidas.

Os Cinco Componentes se unem para definir cada vida individual e permanecem juntos em um constante estado de transformação e interação à medida que o indivíduo percorre seu período de vida ativa. Pelo que sabemos para nosso pesar, nossa "forma" ou aparência muda radicalmente com o passar de nossa vida ao ponto de sermos completamente irreconhecíveis em relação ao jovem que éramos no passado. Mudamos com o envelhecimento, até a maior parte de nossas células mudam completamente por volta de cada sete anos aproximadamente, mas sabemos que no coração de nossas vidas reside nosso eu essencial reconhecível para todos os nossos amigos.

Muitas observações poderiam ser feitas quanto aos Cinco Componentes, mas me parecem particularmente importante compreender a substância de dois deles. Uma é que a associação dos Cinco Componentes é absolutamente temporária, permanecem unidos somente durante a vida. Este conceito conhecido como "Verdade Sobre a Existência Temporária" exprime não só a efêmera duração da vida Humana, mas também o fato que cada entidade vital representa uma função única dos Cinco Componentes. Nunca mais existirá uma união do mesmo modo, porque as causas e condições que formavam a base daquela vida específica nunca serão as mesmas. Portanto, uniram-se para formar a entidade vital de John Brown e após sua morte, nunca irão unir-se novamente para formar outro John Brown.

A morte no Budismo é definida como o momento no qual acaba a interação dos Cinco Componentes iniciada no ventre materno. Pode ser que a morte venha em um instante, um momento preciso e definido como em um acidente de carro ou depois de um longo período de declínio e envelhecimento no qual o corpo perde lentamente a capacidade de desenvolver suas funções. Em ambos os casos, assim que a forma, ou o corpo não é mais capaz de manter unidos os outros componentes, percepção, concepção, volição e consciência, estes se desassociam. Aquela vida única está ao fim. A parcela de força vital que lhe era inerente entra em seu período de latência.

O segundo ponto, e isto pode parecer surpreendente, é que não há nada nesta descrição Budista da vida que discorde essencialmente com as explicações Científicas. Vimos já brevemente que as leis da Física segundo a energia e Matéria não podem ser criadas nem destruídas, mas mudam somente de Estado, descrevem o Universo notavelmente em consonância com a visão do Budismo. A Ciência moderna também descreve como uma união temporária de um número relativamente limitado de elementos e componentes. Vistos isoladamente como átomos e moléculas separadas, não é possível dizer que se pareçam com nada que possa ser chamado de vida. Mas uma vez unidos eles crescem e se diferenciam em maneiras que são compreendidas parcialmente, para formar o indivíduo dotado com o mais complexo potencial Físico, Emocional e Intelectual por um período relativamente curto. Quando chegam ao fim os átomos e moléculas tinham se unido para formar vida individual específica retornam ao estado original e se desassociam voltando a ser matéria prima inanimada. Não desaparecem simplesmente se desassociam prontos para criar outra forma. São por assim dizer reciclados.

Isto não parece radicalmente diferente da ideia dos Cinco Componentes, não é?

O Dilema da Memória

Isto nos leva a examinar mais de perto o modo no qual o Budismo define a consciência sendo que tem um papel importante para compreender o que vive pela eternidade. O Budismo identifica nove níveis de consciência. A primeira vista, estes nove níveis podem parecer muito diferentes da acurada descrição que estamos acostumados, fruto de estudos Ocidentais sobre o funcionamento da mente. Na realidade, mesmo através de uma análise superficial se evidencia que existem notáveis sobreposições e semelhanças. Resumidamente os nove níveis são:

Os primeiros Cinco correspondem aos Cinco Sentidos, visão, olfato, audição paladar e tato. São os níveis sensoriais que nos permite de adquirir constantemente informações do nosso ambiente.

O Sexto nível corresponde à interpretação imediata e instintiva das informações adquiridas e sua organização, de modo que possamos coordenar os estímulos individuais provenientes dos vários Sentidos, imagens, sons, odores e assim por diante, para formar uma sequência de imagens detalhadíssima e em contínua evolução de tudo o que acontece ao nosso redor, seja de perto ou de longe.

O Sétimo nível, chamado também de nível *mano* ou do discernimento, não está diretamente relacionado a estímulos sensoriais, mas ao nosso mundo interior. Representa, por assim dizer, a parte pensadora da nossa mente, aquela parte que pode ser relacionada com a famosa frase de Cartesio, Filósofo Francês do século XVII, "Penso, logo existo." Há de certo modo uma relação com o conceito Freudiano de ego, mesmo tendo sido formulado cerca de 2500 anos antes de Freud. É ligado ao conceito de consciência de si e auto-estima, ao gosto, ao julgamento, ao senso de justiça e está baseado na nossa bagagem cultural e experiência prática, assim como também na nossa interpretação das informações gerais organizadas da sexta consciência.

Quando estamos acordados operamos basicamente dentro dos sete níveis de consciência. Eles nos permitem dirigir o carro adequadamente, atravessar a rua depois que o ônibus passou, encontrar nosso caminho para o trabalho ou supermercado e assim por diante. Recebemos esta torrente de mensagens sensoriais o tempo todo através dos cinco sentidos, um bombardeamento contínuo de informação em todos os níveis. O sexto nível seleciona tais estímulos quase sem percebermos para nos possibilitar de dar a resposta ou fazer o movimento correto na hora certa. Enquanto navegamos desta forma no nosso caminho, o sétimo nível tem a liberdade de contemplar algo completamente não relacionado com o que podermos estar fazendo, desde profundos pensamentos filosóficos à lista de compras para a festa de hoje à noite.

O Oitavo nível é ainda mais profundo, está abaixo da mente consciente. Podemos dizer que quando estamos acordados durante o dia, este nível permanece enterrado abaixo dos sete primeiros. É somente quando dormimos profundamente e nossa mente consciente está adormentada que o Oitavo nível torna-se ativo. O Budismo diz que provavelmente os sonhos são compostos de pensamentos e ações liberadas casualmente pelo Oitavo nível.

É conhecido como *Alaya* e é descrito com frequência como o depósito da mente, um vasto e infinito armazém de tudo o que encontramos e experimentamos através dos primeiros sete níveis de consciência, quer sejamos conscientes de temos vivido tais experiências ou não. O ponto chave é que nada que aconteceu em nosso pensamento, palavras ou ações escapa a Oitava consciência. Isto é de importância crucial já que como vimos anteriormente, fazemos causas nos três níveis, pensamentos, palavras e ações. Portanto, o Budismo ensina acima de tudo que esta Oitava consciência armazena todas as causas que fizemos e todos os efeitos que acumulamos, não somente desta vida, mas misticamente de todas as vidas precedentes também. Neste sentido a consciência *Alaya* abre uma janela para compreender o que permanece em estado latente depois da morte e não de menos importância, o que não permanece.

O Nono nível, ou seja, a consciência *Amala* é a força vital pura e fundamental que se encontra no centro da vida livre dos efeitos cármicos. É comparada com a inesaurível força vital do Universo que dá suporte a nossas vidas e da qual nossa vida é uma manifestação. O Budismo de Nitiren considera a Nona consciência como uma fonte primária de energia para todas as nossas atividades Físicas, Espirituais e Intelectuais, um recurso que tentamos atingir através da recitação é próprio aquele de aumentar nossa força vital.

Voltando a Oitava consciência. No contexto dos ensinamentos Budistas sobre a eternidade da Vida, como este vasto depósito de nossas experiências, causas e efeitos armazenados na consciência Alaya se relaciona com o que conhecemos como nossa memória?

A memória é crucial para o nosso senso do eu. Representa o acúmulo de experiências e conhecimentos que nos define. Descreve para nós os caminhos que seguimos e explica como chegamos neste ponto específico na viagem da nossa vida. Estudos de pessoas que perderam a memória, ou pior, aqueles casos raros de pessoas incapazes de lembrar-se de suas ações diárias, descrevem indivíduos que estão de certo modo perdidos no tempo e no espaço, sem noção de passado e privados de um senso do eu.

Em poucas palavras, é a memória que nos garante saber que somos a mesma pessoa, independentemente das mudanças físicas e mentais mesmo radicais que acontecem em nossas vidas enquanto passamos dos nove aos noventa anos.

Do ponto de vista do cotidiano segundo o Budismo, a essência vital que emerge depois de um período de latência para nova vida não tem nenhuma memória da vida precedente. Por exemplo, a entidade vital que permeava a vida do indivíduo chamado John Brown não tem memória das vidas precedentes, e da mesma forma após a morte de John Brown, quando a entidade vital emergirá novamente do estado de latência para uma fase de existência, não terá nenhuma memória da vida de John. O Budismo afirma, porém, que esta entidade vital carregará consigo todas as causas e efeitos da vida de John Brown armazenados na consciência Alaya.

A distinção é fundamental. Significa que devemos tentar compreender a diferença entre *entidade vital* por um lado, que o Budismo diz que é eterna, e *entidade individual* por outro lado, que o Budismo diz que é breve, a verdade da existência temporária.

Compreendendo Identidade

Dito do modo mais simples, isto significa que a identidade essência e única de William, minha aparência, meu caráter são temporários. A pessoa com a qual me reconheço independente das mudanças do meu aspecto e da minha personalidade à medida que me aproximo dos setenta anos, é parte deste único indivíduo. É feita das recordações e experiências, das causas e efeitos que tenho acumulado nesta vida, e é transitória como a própria vida. Morre com William no momento da morte.

Por outro lado, a *entidade vital* ou a parcela de energia universal que no momento permeia a vida de William, chamado às vezes de *eu inato*, que está abaixo da consciência do eu, atravessará um período de "nem existência nem não existência". Outra *entidade individual* se manifestará quando surgirem as condições apropriadas no futuro. Esta entidade desenvolverá seu único e fundamental senso de eu que será novamente totalmente temporário, e morrerá quando a entidade deste indivíduo chegar ao fim no fim de sua vida. Não será William Dois.

Neste sentido a entidade vital, a força vital pura passa de uma vida a outra. Não é criada nem destruída. Existe antes de cada nascimento e continua a existir depois de cada morte. O Budismo ensina esta força vital acumula novas causas e efeitos em cada período de existência.

O acúmulo destas causas e efeitos armazenados na Oitava Consciência está abaixo do nível da mente consciente, assim cada forma de vida sucessiva, e podemos dizer cada vida individual sucessiva, não terá consciência nem memória disto. Todavia o Budismo diz que todas as causas e efeitos situados na consciência Alaya exercerão profunda influência no pensamento, nas palavras e ações da entidade vital no próximo período de existência. Segundo os ensinamentos Budistas, esta é a origem da diferença nas circunstâncias entre os indivíduos e dos vários efeitos inexplicáveis que acontecem durante nossas vidas. São efeitos que derivam de causas distantes atribuídas à entidade vital.

Porém, a mudança de identidade é completa e total em cada vida. Cada indivíduo é completamente diferente do anterior, e o ponto crucial é que cada indivíduo não tem memória do que aconteceu anteriormente.

Não é necessário dizer que esta distinção é difícil de compreender. Inevitavelmente, desde que estamos falando do desconhecido e do não visível, permanece um argumento vago e incerto, e por mais que se queira fazer uma análise uma análise profunda, a verdade é que na vida cotidiana não é um argumento com o qual temos que lidar com frequência.

Uma metáfora que representa bem este conceito é aquela das ondas do mar. Imagine uma grande quantidade de ondas que se erguem altas por toda a superfície do oceano até além do horizonte. Todas parecem iguais, mas vistas de perto cada onda é diferente e única com suas características particulares. Por mais que possam parecer iguais, cada onda formou-se da sua própria e única parcela de energia que a fez emergir. A onda viaja por um período de tempo e lentamente se abaixa e desaparece no oceano de onde surgiu. A entidade única da onda desapareceu e aquela onda específica com suas características peculiares não se formará nunca mais. A parcela de energia da qual era feita retornou ao imenso oceano. Permanecerá ali, imutável em estado que chamamos de latente, até que no momento apropriado se unirá novamente com os elementos da água para formar outra onda que terá forma e características únicas, e assim por diante durante toda a eternidade. O acúmulo de energia, a entidade vital, o eu inato permanecem o mesmo de uma existência para a outra. Cada onda sucessiva ou forma que infunde energia constitui uma identidade diferente e absolutamente temporária.

A imagem da onda pode nos ajudar a ter uma ideia do que acontece, mas obviamente não explica tudo, nem poderia. Como já foi dito, estamos lidando com algo que é essencialmente desconhecido. Mas dito isto, tem a sua lógica e coerência. Budismo é razão e não há nada nesta explicação que contradiz o que se sabe e se compreende sobre os ciclos de existência que formam o Universo. Este é ponto crucial.

O Budismo não nos pede para aceitar a realidade da morte para lançar uma onda de terror sobre nossas vidas. Pelo contrário. Entrando em contato com a visão Budista da eternidade da vida, torna-se possível ver a morte não como um fenômeno em si, separado, como grande vazio aterrorizante, mas como uma continuação, uma fase natural do ciclo que é à base de tudo. Ciclo natural e até bem vindo como o ciclo do sono que nos regenera e revitaliza.

O Budismo coloca a vida individual no centro do eterno ciclo universal que engloba tudo, o ciclo do nascimento, crescimento, declínio e morte. Reconhecemos que a existência física é transitória e aceitamos que toda a energia do Universo, incluindo a energia vital penetra os seres viventes é eterna. O Budismo coloca nosso ciclo de nascimento e morte dentro também deste contexto.

CAPÍTULO QUINZE

Aproximando-se da Prática

É importante desmistificar a palavra *prática*. No contexto Budista é usada com o mesmo significado quando nos referimos a qualquer outra atividade humana. O objetivo básico de qualquer prática é o de melhorar em algo. Qualquer atleta, músico, artista sabe que a menos que eles treinem e pratiquem, não poderão jamais atingir seu potencial. Possuir um talento natural não significa menos prática. Quanto maior o talento mais estes atletas e músicos devem praticar porque têm um potencial maior a realizar. Poucas pessoas treinam tanto quanto os atletas olímpicos ou concertistas de piano por exemplo.

Baseado no mesmo critério, por mais que o Estado de Buda seja uma qualidade inata, fazê-la emergir na vida cotidiana requer empenho pessoal e prática constante.

Como disse uma vez Gary Player, jogador de golfe internacional: *"Quanto mais pratico mais tenho sorte."*

Segundo minha experiência, pode-se dizer a mesma coisa no Budismo. Vocês vão ouvir os budistas dizerem com frequência que quanto mais praticam mais se sentem com sorte, de alguma forma em harmonia com si mesmos, e por mais difícil que seja definir, em harmonia com o mundo a seu redor. Oportunidades inesperadas aparecem nos momentos mais oportunos, problemas que pareciam insolúveis se resolvem, os relacionamentos melhoram e a ansiedade diminui. Isto pode parecer bom demais para ser verdade. Isto não altera o fato que continuam a acontecer. Quando sabem que estão próximos de um período estressante ou difícil, como exames escolares importantes, problemas em uma relação afetiva, doença ou mudança de emprego, pode-se dizer que os budistas se dedicam mais ao treinamento para desenvolver maior determinação, sabedoria e confiança em si mesmos e assim encontrar saída, solução para um problema difícil e para ajudar a superar a instabilidade do próprio ambiente.

É um processo consciente e intencional.

Os budistas usam a prática como um elemento a mais a disposição. O Budismo é vida cotidiana. Em vários aspectos essa frase simples é o núcleo da mensagem Budista, aprender a considerar os problemas e as dificuldades que se apresentam continuamente em cada área da vida como oportunidade para expandi-la. Se pensar por um momento, isto significa desenvolver a sabedoria para reconhecê-los e a coragem para enfrentá-los, porque desfrutar das oportunidades significa inevitavelmente mudar, e mudar requer coragem.

De certo modo é como os pictogramas Chineses que representam o conceito de crise. De fato precisamente o mesmo pictograma tem dois significados, um significa *crise*, o outro é *oportunidade*. Assim se transforma em questão de percepção. Se considerarmos a situação como crise, sentimo-nos ameaçados e perdemos a esperança. Se ao invés o vemos como uma oportunidade, nos eleva e nos impele. A situação em si é a mesma. A única diferença está na nossa percepção, nossa atitude defronte da situação. Mas esta diferença faz toda a diferença, uma vez que nos habilita a atingir resultado radicalmente diferente.

Essencialmente o argumento Budista é que os problemas não vão parar de vir. É como dizer algo tão óbvio como a água é molhada. É assim que as coisas são. A única parte da equação da qual temos controle é a nossa abordagem em relação aos problemas, e fator chave no processo de mudança é compreender que isto não é puramente um processo intelectual. O Budismo sugere que o intelecto pode nos levar até certo ponto. Não podemos simplesmente nos convencer com a razão de adotar uma nova e radical abordagem à vida, temos que trabalhar este conceito, temos que praticar para adquirir esta perspectiva diferente.

Esta não é uma verdade fácil de acreditar nem de compreender. Não é algo que estamos acostumados a fazer. Quando temos um problema, a reação condicionada imediata e instintiva é recorrer ao intelecto. É o que sempre fizemos. Acreditamos que é no intelecto que reside a nossa potência. Estamos acostumados no Ocidente e somos até treinados a vivermos guiados por três forças primárias: o intelecto; as emoções, como pensamos e como nos sentimos; e a nossa pessoa, como aparentamos e nos apresentamos. Colocamos grande ênfase, como não deveria deixar de ser na nossa capacidade intelectual de resolver os problemas. Atribuímos valor imenso à expressão emocional, e talvez importância exagerada a nossa aparência externa, física.

O que o Budismo está dizendo essencialmente é para esperar um momento, há algo a mais... Há um recurso espiritual dentro de nós que é capaz elevar o desempenho da sua vida para outro nível. Sua natureza de Buddha.

Três Elementos Básicos

Existem três elementos básicos na prática do Budismo de Nitiren.

A prática básica consiste em recitar a frase Nam Myoho Rengue Kyo em voz alta, ao invés de repetir a mantra silenciosamente em nossas mentes. O ponto chave é que consiste em ação física com evidentes efeitos psicológicos. Envolve por exemplo a movimentação de um fluxo considerável de ar para dentro e fora de nossos pulmões, aumentando a temperatura do corpo e fazendo com que regularmente as pessoas alarguem suas gravatas ou tirem seus casacos quando estão recitando. Muitos dizem que faz bem a pele porque estimula a circulação.

Mas, acima de tudo, produz um maravilhoso e agradável som que é central nesta prática. É sem dúvida a força propulsora, o motor sem o qual o processo de transformação não pode ser alcançado. Normalmente a recitação desta frase é feita duas vezes ao dia: de manhã para iniciar o dia com uma disposição mental alegre e otimista, e à noite possivelmente com o espírito de gratidão pelo dia transcorrido, tenha ele sido bom, mau ou indiferente. Caso tenha sido bom, temos obviamente um motivo para sermos gratos. Caso tenha sido mau, necessitamos talvez de recuperar nossa coragem e confiança para enfrentar os desafios que surgiram. Em ambas as ocasiões, manhã e noite, recitam-se também duas breves passagens do Sutra de Lótus que falam da universalidade do Estado de Buda e da eternidade da vida.

Não há um horário pré-determinado para recitar nem um tempo fixo de duração. Como muitos outros aspectos da prática Budista, esta também é uma decisão pessoal. A vida é nossa. Podemos recitar por poucos minutos antes de corrermos para não perdermos o ônibus das 08h10min para ir ao escritório, ou podemos recitar até sentirmo-nos *satisfeitos no coração* como disse Nitiren em uma de suas cartas. A prática é imensamente flexível, feita para adaptar-se a todas as exigências da vida moderna, mas o elemento chave é a regularidade. Assim como temos a necessidade de reabastecer o corpo com duas ou três refeições ao dia, temos também a necessidade de restaurar nossa reserva espiritual.

No que pensamos quando estamos recitando? A resposta mais simples é: não precisamos pensar muito. O objetivo é tornar-se um com o ritmo, ouvir o som, sentir a vibração. Apreciar o som por si só e dar a ele toda nossa atenção. O momento para pensar é ao início, antes de começar, quando refletimos sobre o que estamos recitando; e quando terminamos e nossa mente é clara, e estamos decidindo quais ações precisamos tomar. Para o que recitamos? Basicamente estamos recitando para atingir este potencial contido em nossas vidas que nos possibilitará de alcançar uma condição vital mais alta. Daisaku Ikeda descreve este potencial como ilimitado, sendo este o pensamento dominante, mas podemos recitar para alcançar qualquer objetivo em nossas vidas e até na vida das pessoas ao nosso redor, seja em curto ou em longo prazo.

O fato é que as pessoas geralmente não começam a recitar porque querem "salvar o planeta", esta motivação é muito rara. É muito mais provável que comecem a recitar por razões pessoais, próximas a sua vida diárias. Algumas vezes iniciam por razões até bizarras ou egoístas como, por exemplo, para ter uma casa mais bonita, um trabalho melhor, mais saúde, um dia de sucesso. Muitas pessoas recitam para estas coisas e tantas outras que fazem parte dos desejos normais de todo dia. Estes desejos fazem parte da nossa humanidade e são válidos e sinceros. A experiência comum é que o próprio processo de recitar Nam-Myoho-Rengue-Kyo amplia e aprofunda nossa visão, e ainda que estes desejos permaneçam, começam a ser transformados, purificados e ampliados. Eles crescem em modo dinâmico juntamente com nossas vidas, assumindo o papel da semente, da causa primária que impulsiona as pessoas a maior conhecimento de si mesmas. Desta forma diz-se que desejos terrenos levam a iluminação.

Recitar para atingir os objetivos da nossa própria vida, incluindo a obtenção de coisas materiais, vai contra uma percepção muito difusa no Budismo que se baseia essencialmente na renúncia da maior parte das coisas terrenas, passo necessário para ir ao encontro de uma condição espiritual mais elevada. O Budismo de Nitiren ensina que renunciar ou desistir das coisas por si só não traz nenhum benefício. Argumenta que os desejos fazem parte da vida e enquanto houver vida haverá também o desejo instintivo no coração dos homens e mulheres de obter o melhor da vida, de viver, de crescer, de amar, de ter.

Nitiren compreendeu claramente que de pouco servia perder tempo tentando extinguir uma força que se encontra ao centro da própria vida. Ao contrário, podemos obter muito mais a aceitando como parte essencial da humanidade de todos e desfrutando-a como propulsora para o desenvolvimento individual.

Mas vamos ser claros, não estamos falando de um processo completamente racional. Em muitos casos vai além do intelecto. Muitas são as pessoas que iniciaram a praticar em modo superficial, estimuladas somente por desejos pessoais, e frequetemente sem ter uma grande convicção no valor da prática. Quando olham para trás, riem de si mesmas e da sua superficialidade inicial, conscientes de como suas vidas passaram por uma transformação profunda, e como suas preocupações foram alteradas. Continuam recitando para seus desejos pessoais, mas inseridos em um horizonte muito mais amplo, que se expande em direção ao exterior em círculos concêntricos sempre mais largos e que, partindo da revolução humana pessoal chega a incluir a família, os amigos, o ambiente de trabalho, a comunidade e a sociedade como um todo. O objetivo maior dos seguidores de Nitiren é um mundo povoado por indivíduos, ou grupos de indivíduos que vivem em paz entre si. Recitamos por esta razão, e por esta razão nos empenhamos diariamente.

O segundo maior elemento da prática é o estudo. Estuda-se grande variedade de materiais, das cartas e outros escritos de Nitiren Daishonin aos comentários de outros estudiosos do Budismo, e relatos de adeptos do Budismo sobre como a prática transformou suas vidas. Devo dizer que há material em abundância porque é uma filosofia abrangente, e mesmo assim não é uma prática intelectual. O estudo não visa à aquisição do conhecimento de modo egocêntrico, como finalidade em si mesma e sim aprofundar a própria compreensão dos princípios que permeiam a prática. Nitiren não hesita em reconhecer sua importância chegando até a dizer:

"Dedique-se aos dois caminhos, o da prática e o do estudo. Sem prática e estudo não existe Budismo."

O terceiro pilar da prática é a ação, a luta para incorporar os princípios e valores budistas na trama de nossa vida cotidiana para que sejam vividos, ao invés de apenas compreendidos e interpretados. Esta é uma luta diária. Poucas coisas são mais difíceis de mudar, que os inconscientes padrões de pensamento e de comportamento arraigados, impulsionados pela raiva, pelo egoísmo, ou simplesmente pela falta de interesse nas necessidades dos outros. Tal luta faz parte da experiência pessoal de cada um de nós. A prática budista guia a transformação interior em direção a maior respeito pela própria vida e em consequência, maior respeito pela vida dos outros. Obviamente este não é um trajeto que vai em direção única. Dar um passo avante e dois para trás é uma experiência comum.

Mas, é importante enfatizar o ponto do qual falamos anteriormente, ou seja, que o Budismo não é um sistema moral. Em outras palavras: sua ética não depende de uma série de comportamentos e práticas pré-estabelecidas. Em vez, depende do poder desta transformação interior, de como as pessoas aprendem a assumir a responsabilidade pela própria vida e ações. Isto claramente tem o potencial para efeitos de longo alcance, não apenas sobre a pessoa em questão, mas no conjunto da sociedade que ela está inserida.

O processo começa com o indivíduo. Tudo se inicia com a determinação pessoal de mudar a própria vida, mas os efeitos das transformações que fazemos no nosso modo de pensar e no nosso comportamento se estendem muito além de nossas vidas. Certamente, já que o Budismo não faz distinção entre o indivíduo e o mundo ao seu redor, o ambiente no qual ele vive, a influência se estende em uma série de ondulações cada vez maior.

Sendo que recitar a frase Nam-Myoho-Rengue-Kyo é fundamental neste processo, qual é o significado da frase e de onde ela vem?

O Significado de Nam-Myoho-Rengue-Kyo

Esta expressão deriva quase inteiramente do Sutra de Lótus. Myoho rengue-kyo é o título do Sutra de Lótus em japonês clássico. Está escrito em pictograma chinês adotado pelos japoneses como seu próprio, a fim de criar sua própria língua escrita. Os cinco caracteres significam literalmente "A Lei Mística do Sutra de Lótus."

A palavra Nam, colocada no início da envocação é um termo que significa empenho. Tem origem no antigo sanscrito e significa "dedicar a própria vida". Portanto a tradução literal de Nam Myoho Rengue Kyo seria: "Dedico minha vida a Lei Mística do Sutra de Lótus."

Volumes inteiros foram escritos para expor a profundidade do significado contido neste simples mantra. Isto é devido, em parte, ao fato de que o título dado a cada sutra é visto como extremamente importante e incorpora todo o ensinamento que ele contém. Como Nitiren Daishonin explica fazendo analogia com o nome Japão:

"Nos dois caracteres que compõem o nome Japão está incluso tudo o que há nas sessenta e seis províncias: as pessoas e animais, os arrozais e outras plantações, as de maior e menor status, os nobres e os comuns...da mesma forma incluso no título, ou daimoku, de Nam-myoho-rengue-kyo está contida todo o sutra com todos os oito volumes, vinte e oito capítulos e 69.384 caracteres, sem alguma omissão... o título representa para o Sutra o que os olhos representam para o Buda."

Além disto, o Chinês é uma língua extremamente concisa de forma que cada caractere pode ser usado para exprimir grande variedade de significados diversos, mas relacionados entre si. Assim, estes cinco caracteres juntos contêm uma vasta gama de conceitos diversos. Mas nenhuma das explicações parciais pode transmitir a profundidade dos significados que o próprio Nitiren atribui à frase. Descreve-a como a lei universal da vida que expressa o relacionamento entre a vida humana e todo o Universo. Contém em si nada menos que *"a sabedoria de todos os Budas"*.

Sakiamuni exprime algo semelhante no Sutra de Lótus quando diz que esta lei *"só pode ser compreendida e compartilhada entre Budas."*

Isto não quer dizer que esta prática consista em algum tipo de privilégio exclusivo. Ao contrário, visto que a única finalidade do Sutra de Lótus é a de propagar o conceito da universalidade do Estado de Buda. Diz simplesmente que palavras e explicações podem levar-nos até certo ponto, mas é preciso praticar o Budismo, vivenciar seu poder e potencial em nossas vidas para que possamos começar a compreendê-lo.

É preciso experimentar o morango para compreender que sabor tem. Não creio que devemos nos surpreender se alguns destas questões parecem ilusivas e difíceis de compreender ao primeiro contato com a prática. Budismo é vida cotidiana, e como a vida cotidiana é infinitamente complexa, o Budismo refletirá inevitavelmente esta complexidade.

Devo dizer que no meu caso achei bastante difícil. Um fato era compreender os princípios budistas e apreciar sua validade em termos dos relacionamentos humanos ou mesmo em âmbitos mais vastos como o funcionamento da sociedade. Outro era dedicar-se à prática de recitar um mantra estranho por uma hora ou mais diariamente. Queria fazê-lo realmente? Um mantra que contém uma série de significados, associações e implicações provenientes de uma cultura diversa, portanto estranho, de certo modo, a minha experiência cotidiana. Foi uma verdadeira luta. Comecei a recitar por duas razões principais. As pessoas que encontrei que praticavam eram admiráveis em vários modos. Eram positivas, tinham compaixão, eram socialmente responsáveis e sempre construtivas em seus objetivos e motivações. Mas, sobretudo me parecia que havia só uma maneira de compreender se o Budismo de Nitiren tinha um valor para a minha vida cotidiana, e era a de fazê-lo entrar na minha vida.

Não é necessário compreender o significado teórico desta frase para iniciar a recitar e obter os benefícios que nos traz. A compreensão virá à medida que crescemos com a prática. Não devemos nos preocupar com os vários significados destes caracteres quando recitamos. Recitar não é uma atividade intelectual, e nem segundo minha experiência, devemos esperar uma reação emotiva. Recitamos Nam myoho rengue kyo com ritmo estável, em voz alta no volume que desejamos, segundo como preferimos ou como nos permite o ambiente – liberando a mente de qualquer preocupação, relaxamonos, escutamos o ritmo da própria voz e sentimos a vibração no corpo. O ponto chave é apreciar o momento em si só. Se começarmos a pensar em todas as coisas que devemos fazer neste período de tempo, melhor é levantar-se e ir cuidar de nossas tarefas.

Ainda, o Budismo diz claramente que qualquer coisa semelhante a uma fé cega não é aceitável como base para a prática. Funciona? Produz algum tipo de efeito? Nitiren argumenta que cabe a nós fazermos estas perguntas. Por mais interessante e profunda possa ser uma doutrina, não devemos confiar cegamente. Se não nos faz viver melhor e superar os problemas, ter maior senso de confiança em nossas habilidades, maior bem estar e concentrar-se mais no que queremos obter, para que serve então?

Como vimos, no Budismo, a palavra "fé" não está associada a uma força externa, mas à confiança em si próprio, nos nossos recursos internos de coragem, sabedoria e compaixão e nossa habilidade de cultivá-los no nosso dia a dia. Podemos iniciar a praticar a princípio porque valorizamos alguma qualidade que vemos nas pessoas budistas que encontramos ou somos atraídos pelo que dizem sobre obter benefícios. Mas, em longo prazo, conseguimos levar nossa prática adiante somente quando nos tornamos conscientes dos benefícios que emergem na nossa própria vida. Esta é certamente a minha experiência pessoal. Comecei gradualmente, e foi por um período uma grande batalha realmente. Mas, à medida que me conscientizava do profundo sentimento de bem estar que atravessava minha vida, comecei a levantar-me uma hora mais cedo toda manhã, não importa onde estivesse; em casa ou em outro local, para que pudesse fazer 45 minutos de recitação antes de lançar-me nas atividades diárias.

Antes de continuar, permita-me de dar uma explicação detalhada, mas, sobretudo prática, sobre o significado de "Nam myoho rengue kyo". Não quero mergulhar nas esferas mais profundas da filosofia Budista, território tão vasto que poderíamos facilmente nos perder sem deixar rastros. Mas, discutir sobre o que pode servir como um ponto de referência e se tiverem interesse em saber mais, podem consultar as obras mencionadas na bibliografia.

Nam

A palavra Nam vem do Sânscrito Namas e ainda que seja traduzida frequentemente como *devotar-se a*, tem uma vasta gama de significados. Talvez o mais importante entre eles seja a frase "recolher", "acordar", "atrair" ou "fazer grande esforço". Por que é importante conhecer todos estes significados? Porque expressam as sutis diferenças da nossa abordagem ou de nosso estado mental, dependendo do momento em que estamos recitando.

Myoho

Myoho descreve a profunda relação entre a verdadeira *essência* da vida, ou a força vital inerente em todo o Universo e os milhões de formas físicas na qual a força vital se manifesta ou se exprime. No Budismo, tudo que existe senciente ou não é uma manifestação da força vital sujeita ao ritmo eterno do qual falamos: formação, crescimento, declínio e desintegração. Tudo é sujeito a um processo de transformação, ou não permanência, como é frequentemente definida esta condição.

Nitiren esclarece este pensamento,
"*Myo é o nome dado à natureza mística da vida, e ho à suas manifestações*".
Myo é composto de dois elementos: *myo* se refere a parte espiritual e invisível inerente em todas as coisas; ho se refere a manifestação física e tangível que podemos perceber através dos sentidos. No Budismo, todas as coisas, todos os fenômenos possuem o aspecto *myo* tanto quanto o aspecto *ho*. São dois aspectos diversos da vida, mas inseparáveis, "dois, mas não dois" segundo a

definição Budista, inextricavelmente interligada como os dois lados de uma moeda.

O aspecto *ho* de um quadro, por exemplo, é representado pela tela e pela pintura, enquanto o aspecto *myo* é a sensação, a emoção ou a energia criativa vivida pelo artista quando pintava daquele modo em particular e o impacto emocional provocado sobre quem o observa. Da mesma forma, a música tem um aspecto *ho* facilmente reconhecível do arranjo registrado na partitura e na vibração física dos instrumentos que a executam. O profundo aspecto *myo* se encontra nas emoções e sensações provocadas em nós quando a escutamos, os sons produzidos pelos instrumentos em uma determinada sequência. Como disse Shakespeare em *Muito barulho por nada*, é totalmente inexplicável que a sequência de sons produzidas das cordas de um violino, feitas do intestino de ovelha, possa nos comover tão facilmente levando-nos às lágrimas.

Se pensarmos em nós mesmos, *ho* se refere a todos os elementos físicos que podem ser observados com os sentidos, nosso aspecto, postura, modo de caminhar, de falar ou gesticular com as mãos e as várias expressões que usamos para nos comunicar. Todas as coisas que permitem aos outros de nos identificar. Mas é claro que muitos gestos e movimentos, a expressão dos nossos olhos, o timbre e modulação da voz, a expressão facial, a postura do corpo, etc., são também expressões da nossa vida interior, do nosso *myo*. Os dois aspectos são como foi dito, inextricavelmente entrelaçados. À medida que praticamos para fortalecer a vitalidade de *myo* ou aspecto espiritual de nossas vidas, não há dúvida de que tem efeito poderoso sobre nossa pessoa, a expressão na nossa face, nosso olhar, nosso tom de voz, nossa prontidão para sorrir e assim por diante.

Estes são exemplos bastante óbvios. Princípio mais difícil de aceitar, aliás, um dos mais difíceis de compreender, principalmente se tivermos formação científica, é a crença budista de que tudo que existe em termos materiais, tudo sobre a face da Terra e no Universo, animado ou inanimado, possui um aspecto físico e um espiritual. Tudo, mas tudo mesmo nos dizem, possui *myo* e *ho*. As árvores, as rochas, o rio, a montanha.

Indubitavelmente uma ideia difícil, ainda que o Budismo não seja a única religião obviamente a sustentar esta teoria. Durante toda a história da Humanidade, artistas e poetas tem tentado abrir nossos olhos para esta verdade em todas as línguas e culturas, por exemplo, como descreveu Wordsworth na famosa dança dos narcisos:

As ondas acanto a eles dançavam; mas eles superavam
as ondas cintilantes em alegria:
Um poeta não podia deixar de ser feliz
Em tão alegre companhia,
Olhava... E olhava... Mas pensava pouco
Na riqueza que aquela cena me trazia:
Pois muitas vezes quando no sofá me deito,
Com humor vazio e pensativo,
Eles piscam em meu olho interior,
Que torna a solidão abençoada,
E então meu coração enche de prazer
E dança com os narcisos.

O Budismo enfatiza este aspecto de continuidade e associação que se encontra em todas as coisas, lembranos que não estamos separados e sim estreitamente ligados a tudo ao nosso redor. Assim, em termos budistas, afirmações como estar em harmonia ou desarmonia com o próprio ambiente não é simplesmente um modo de dizer, mas representa uma verdade fundamental, que está à base do princípio budista da não dualidade da vida e seu ambiente. Isto indica que enquanto nos transformamos, gradualmente reforçamos e revelamos nossa natureza de Buda através da prática, de forma que nossa mudança se reflita em nosso ambiente enviando ondas benéficas em todas as direções.

Uma analogia que de certa forma exemplifica a relação entre *myo* e *ho* é a do cavalo e da carroça, para ser mais preciso dos cavalos e das carroças. Nossa vida é como a carroça puxada pelo nosso cavalo *myo*, ou seja, a energia espiritual, e pelo nosso cavalo *ho* – a vida física. Em geral, é certo dizer que, estamos habituados a usar nosso tempo e energia para cuidar da saúde do cavalo *ho*, porque é bem visível e fisicamente acessível. Por exemplo, podemos observá-lo quando olhamos no espelho preocupando-nos da sua aparência física. Podemos nutri-lo três vezes ao dia e o levamos à academia para manter o físico em forma, a praticar esportes para garantir o bem estar e a saúde e também para distrair-se. Como resultado, temos a tendência a medir nossa felicidade e bem estar em relação aos progressos alcançados através dos cuidados que temos com o cavalo *ho*.

Ao contrário, nossa tendência é dedicar pouquíssimo tempo ao cavalo *myo*, porque é totalmente invisível e em geal tem uma presença menos potente. O resultado é o desequilíbrio. Na melhor das hipóteses, o carro da nossa vida progride em uma só direção, aquela governada pelas nossas necessidades físicas. Na pior das hipóteses, anda em círculos repetindo padrões de comportamento, porque não nutrimos suficientemente nosso lado espiritual para que influencie, transforme nosso comportamento habitual. Podemos nos estregar à força do hábito repetindo os mesmos modelos de comportamento, mesmo que estes nos causem dor e sofrimento. Mas, muitas pessoas, por exemplo, vivem uma série de relacionamentos semelhantes, cada um dos quais se inicia e termina seguindo sempre os mesmos padrões. O que precisamos fazer, segundo o Budismo, é tornarmo-nos conscientes do perigo do desequilíbrio, e designarmos mais tempo e energia para manter ambos, os cavalos *myo* e *ho* em boa saúde.

Rengue

Rengue significa flor de lótus. Também significa causa e efeito. A flor de lótus adotada por Sakyamuni como título de seu último ensinamento tem um símbolo de imenso significado no Budismo por muitas razões. É uma planta com uma flor particularmente bonita que cresce e desabrocha melhor no meio da lama, do lodo. Neste sentido é usada para simbolizar o grande potencial existente em cada vida humana, a promessa de que podemos construir vida forte, positiva e construtiva não importando o meio em que nos encontramos.

Ainda, a flor de lótus floresce e produz a vagem da semente ao mesmo tempo e neste senso simboliza um dos princípios fundamentais e mais importantes do Budismo, conhecido como a simultaneidade da causa e efeito. Mais uma vez é um princípio com o qual o Budismo nos pede para desafiar o modo como fomos acostumados a pensar sobre nossa vida cotidiana e nossos relacionamentos. Basicamente diz que cada causa que fizermos; boa, má ou indiferente, planta efeito de equilíbrio em nossas vidas que cedo ou tarde se fará sentir. Assim, existe para cada um de nós uma corrente de causas e efeitos em curso. Isto é, se preferir, a dinâmica fundamental de nossas vidas une o passado, o presente e o futuro.

O Budismo argumenta que somente compreendendo este princípio, podemos ter consciência realmente do que significa assumir responsabilidade por nossas ações e mudar aquelas tendências inerentes que nos causam sofrimento. Desta forma é um ensinamento fundamental que tem várias ramificações, sendo que estamos fazendo causas o tempo todo com relação a nossa própria vida e à vida daqueles com quem estamos em contato, todo o dia e todo dia em tudo o que fazemos, dizemos e pensamos. Boas causas, bons efeitos; más causas, maus efeitos.

Este processo de causas e efeitos interligados está acontecendo o tempo todo. Assim, em outras palavras, onde estamos e quem somos nós agora, e como agimos pode ser visto como o total de todas as causas que fizemos no passado que resultou efeito em nossas vidas.

Ao mesmo tempo, as causas que fazemos agora contêm a semente do nosso futuro. Assim, isto quer dizer, o ponto chave para dar forma a nossas vidas está em como respondemos ou reagimos à situação que enfrentamos agora. Por mais que possamos ser convictos, não estamos simplesmente sujeitos ao acaso e às fatalidades vindas do nosso ambiente. O ponto principal é como respondemos a estas situações, as causas que fazemos, e em consequência os efeitos que geramos. A mensagem básica de esperança é de que não importa o que aconteceu no passado. Plantando boas causas agora, colheremos bons efeitos no futuro.

Kyo

Da mesma forma como é com *myoho* e *rengue, kyo* tem muitos significados, mas é literalmente traduzindo como sutra ou a voz ou ensinamento do Buda. Também significa vibração ou som. Desta forma pode representar a vibração que se produz com o ato de recitar. De fato, existe um ditado budista que diz *"a voz faz o trabalho do Buda"*, e não há dúvida que a vibração produzida pelo som de um grupo de pessoas recitando, ainda que pequeno, pode certamente ser poderoso.

Por exemplo, ainda posso me lembrar do primeiro encontro Budista que fui, tempos antes de começar a praticar. Lembro-me que era uma noite escura e fria de inverno e estávamos caminhando por uma longa rua de casas Vitorianas estreitas no Oeste de Londres. Eu não tinha pensamentos positivos em particular como *"Tudo bem, esses encontros não podem durar mais do que uma hora."* Em seguida, improvisadamente entrando na viela que levava à casa onde deveríamos ir, senti este som maravilhoso vindo da porta ainda fechada. Era um som forte, seguro, vibrante. Lembro que literalmente, senti um arrepio na nuca. Era o som produzido por uma dúzia de pessoas que recitavam Nam myoho rengue kyo.

Esta foi necessariamente uma breve síntese dos múltiplos significados de Nam myoho rengue kyo, significados que se tornam cada vez mais profundos à medida que desenvolvemos a prática. Como já disse é uma viagem contínua, uma contínua descoberta.

Esta prática, focada na recitação de Nam myoho rengue kyo é a grande contribuição de Nitiren à Humanidade. Em muitos aspectos Nitiren era um homem moderno e especificava em suas escrituras que seu ensinamento era formado especificamente para as pessoas comuns, independentemente do lugar ou período em que poderiam viver – o Japão do século XVIII ou a Europa do século XXI. Para pessoas com seu dia a dia cheio de tarefas que requerem atenção contínua, de forma que possam compreender que é possível construir uma vida cheia de esperança, otimismo e determinação infinita e até de grandíssima felicidade, mesmo diante das dificuldades.

Compreendendo o Gohonzon

O Gohonzon é um simples pergaminho feito de papel arroz e distingue o Budismo de Nitiren de todas as outras formas de Budismo. O Budismo Hinayana ou Theravada tem como foco a adoração do Buda Shakiamuni como um Ser Humano único. O Budismo Mahayana, em contraste, está mais focado em inserir os ensinamentos budistas no cotidiano das pessoas comuns, e no Budismo de Nitiren, o Gohonzon juntamente com a recitação do título do Sutra de Lótus – Nam Myoho rengue kyo – representam o meio primordial para alcançar este objetivo. A palavra *go* em japonês clássico significa "digno de honra" e *honzon* "objeto de fundamental respeito"; trata-se claramente de um objeto tido em altíssima consideração no Budismo de Nitiren. Devo acrescentar que é um objeto de notável beleza.

O Daí Gohonzon – *Dai* significa "grande" ou "original" – foi inscrito por Nitiren no dia 12 de Outubro de 1279 e é ainda preservado no Japão não muito longe de Tokyo. Qualquer pessoa pronta a dedicar-se à prática seguindo os princípios de Nitiren, protegendo e cuidando do próprio Gohonzon pessoal, recebe uma cópia de tamanho menor para consagrar na própria casa. É deste modo que praticam os membros da SGI que é, devo ressaltar, um movimento inteiramente laico. Nitiren estabeleceu durante sua própria vida esta tradição de indivíduaos que recebiam um Gohonzon pessoal para que pudessem praticar mais facilmente em local de sua escolha.

Não muito tempo depois de ter inscrito o Dai Gohonzon disse: *"Eu, Nitiren, inscrevi minha vida em tinta sumi, portanto acredite no Gohonzon com todo seu coração."*

O sumi é um tipo de tinta usado, sobretudo nas escrituras japonesas, e com esta frase extremamente simples, Nitiren resume a magnitude da tarefa que havia concluído. Disse claramente a seus seguidores que considerava nada menos que o cumprimento de sua missão ao longo da vida como professor de toda a Humanidade.

Os caracteres escritos em chinês e sânscrito representam toda a realidade da vida Humana; ao centro, o caractere maior e mais evidente que os outros, como se estivesse iluminando toda a vida que representa, é "Nam Myoho rengue kyo Nitiren".

A inscrição ao centro é a chave para compreender a natureza e intenção do Gohonzon. Quando Nititren escreveu: "Inscrevi minha vida em sumi." ele está falando de sua vida como Buda ou no Estado de Buda. Assim, temos na nossa frente, o que estamos tentando extrair das nossas próprias vidas, nada menos que nosso mais alto potencial. Podemos dizer que constitui seu grande presente para toda a Humanidade, e neste sentido, incorpora o princípio budista fundamental declarado pela primeira vez no Sutra de Lótus, segundo o qual todos os seres humanos têm o potencial para a natureza de Buda inerente na própria vida.

É difícil pensar em uma analogia que exprima o que acontece quando se recita em frente do Gohonzon. Talvez uma apropriada fosse a musical. Quando Beethoven e Mozart compunham a sua música, estavam exprimindo o seu estado vital, a paixão, o humor, a alegria ou a melancolia daquele momento. Um mundo interior transformado em sinais de tinta preta em folha de papel branca. Qualquer coisa acontecesse àquele pedaço de papel, o espírito que caracterizava o estado interior do músico, nele ficou inscrito para sempre. A folha de papel com as marcações em tinta poderiam ficar esquecidas, empoeirando em uma prateleira por dezenas de anos. Poderia ser copiada atentamente a mão ou reproduzida em milhares de cópias por uma máquina moderna.

Mas, seja qual for seu paradeiro, quando se encontra em frente a um músico e é executada, o espírito incorporado anos antes, retorna à vida de certo modo, penetrando o ambiente com seus sons e vibrações, recriando em quem escuta o estado de ânimo de quando foi escrito.

Nesta analogia nós representamos os músicos que procuram recriar o espírito encarnado no Gohonzon original. Todos os aspectos da vida normal estão representados no Gohonzon, os bons, os ruins, os feios, os positivos e aqueles negativos, a luz e a escuridão. Todos estes aspectos da nossa vida cotidiana, como da vida de Nitiren (porque ele também era um comum mortal), estão representados no Gohonzon. Porém, são iluminados pelo princípio que nos permite, apesar de todo ódio ou desespero, de colocar nossa vida em direção ao Estado de Buda que Nitiren representou em sumi. Nada é excluído e nenhum estado vital é rejeitado. Não temos que nos livrar de nada ou sentir culpa por coisa alguma. A estrutura do Gohozon existe para deixar claro que não existe estado vital, ou condição que possa constituir um obstáculo ao Ser Humano no seu percurso em direção a um Eu mais amplo. Tudo pode ser transformado.

Esta é a grande escala de sua promessa.

É também a principal razão pela qual o Gohonzon foi inscrito. É um objeto físico no qual podemos nos concentrar; é prático; é algo que nos permite manter a mente concentrada na tarefa que devemos fazer, ou seja, recitar. Nitiren nos deu uma "representação" daquilo que estamos tentando alcançar. Não é nada mais que isto. E importante recordar, nada menos também.

Frequentemente é descrito como um espelho que reflete nossa verdadeira essência. Nitiren explica que assim como não podemos ver o próprio rosto sem um espelho, do mesmo modo não podemos observar a natureza de Buda sem o espelho do "Gohonzon" que reflete sua imagem.

Acontece realmente? Sim. Sem sombra de dúvida, e para milhares de pessoas. Conseguimos explicar o porquê? Acredito que não. Existem muitas explicações, mas, estas são muitas vezes explicações exprimidas em termos não menos místicos do que os eventos que acontecem em frente ao Gohonzon. Mas, muito no nosso Universo se encontra além do escopo da imagem parcial e incompleta fornecida pelo nosso intelecto.

A prática em frente ao Gohonzon requer sim, nossa dedicação e compromisso no sentido de continuarmos tentando nosso melhor. Claro que existem altos e baixos. Podemos dar um grande passo adiante num mês e em outro permanecermos imóveis. Mas, a verdade é que continuamos a praticar graças aos benefícios que alcançamos. Representam a prova dos nove, e são profundas as implicações. Não estamos falando em chegar a um paraíso do lado de lá como recompensa pelo modo em que vivemos esta vida. O Budismo, como foi dito muitas vezes, é vida cotidiana. Esta vida, no presente. Os benefícios devem manifestar-se concretamente em família, no ambiente de trabalho e como nos sentimos hoje, amanhã e depois de amanhã.

Não há teste mais rigoroso que a vida real.

CAPÍTULO DEZESSEIS

Um Novo Começo

Iniciei esta longa viagem através do Budismo não com pouca relutância. De certo não posso afirmar que ao início tivesse uma opinião ou direção clara. Não havia uma idéia rígida ou objetivo óbvio no qual me direcionava. Havia, porém, e agora me dou conta, uma determinação interior e nada mais. Se tentar me ver novamente naquela situação, estava determinado a continuar a viagem até estar seguro do valor desta prática na minha vida cotidiana, de um modo ou outro. Era fácil para os outros me dizerem que "Budismo é vida cotidiana", mas a pergunta crucial era: Funciona realmente na vida diária? Mudava meu modo de gerenciar as coisas banais da existência?

Através dos meus estudos e particularmente das conversas com os praticantes, tinha uma vaga ideia de que poderia realmente ser assim. As reuniões budistas das quais participava tinham sempre uma atmosfera alegre, mesmo que as pessoas falassem das dificuldades e provações de vários tipos. Viver significava enxergar os problemas pelo que eram. Desafiá-los e transformá-los em oportunidades de mudança. Eram pessoas normais, ocupadas com problemas normais do cotidiano que aprendiam a encarar a vida de modo diferente, através da ótica da prática.

O valor da prática, em minha opinião é exatamente este. Permite-nos obter aquela pequena mudança de perspectiva. Por mais estranho que pareça, nada mais acontece. Pode ser uma variação muito pequena que nos permite enfrentar o problema com uma atitude diferente, e que nos traz resultados tangíveis, construtivos, e muitas vezes, transforma a vida de modo espetacular. Cada vez que isto acontece, reforçamos nossa decisão de enfrentar o próximo problema. Transformamos nossa atitude diante de circunstâncias difíceis, de preocupações e negatividade em concentração e otimismo.

Mas a prática budista vai além de enfrentar as dificuldades cotidianas, por mais que possam parecer enormes aos nossos olhos. É importante não perder de vista a perspectiva mais ampla.

O que estamos discutindo neste livro é principalmente o modo no qual a prática budista pode nos ajudar como indivíduos a compreender a nossa vida e a instaurar relações construtivas em um ambiente relativamente circunscrito. São estas as relações que exercem maior influência sobre nós. Formam, dia após dia, o tecido da nossa vida. Manter relações harmoniosas, em ambiente assim estreito, requer esforço e grande energia.

Dito isto, talvez a prova maior que todos os indivíduos devem enfrentar é aprender a levar a compreensão e a compaixão que a prática ajuda a desenvolver além do círculo de amigos e colegas de trabalho, além da nossa pequena sociedade e nosso país, até incluir a Humanidade inteira. A princípio pode parecer somente um desejo em vão, nada mais que uma ilusão. A história da falta de humanidade do Homem para com o Homem é tão devastadora que pode acabar com a esperança de que tal coisa seja possível.

Porém, há uma crescente tendência a acreditar que procurar realizar esta mudança é o desafio peculiar desta geração. No *Reith Lerctures*, por exemplo, televisionado pela BBC em 2007, o notório economista americano Jeffrey Sachs lançou sua tese sobre a possibilidade de obter esta síntese global, dizendo:

"Quero falar sobre os desafios da nossa geração. Não é a nossa geração que enfrentou o fascismo. Não é a geração que e entrou em contato pela primeira vez com o demônio nuclear, mesmo que o combatemos ainda hoje. Não é a geração que enfrentou a Guerra Fria... Nosso desafio, o desafio ímpar da nossa geração é aprender a viver em paz e com sustentabilidade, em um mundo extraordinariamente super populado...

O mais importante para nós neste planeta lotado, diante do desafio de viver lado a lado como nunca antes, em face da maior catástrofe ecológica jamais vivida pela Humanidade, é mudar radicalmente o modo como resolver os problemas. É necessária uma grande mudança. E isto significa aprender que o desafio da nossa geração não é nós contra eles. Não é nós contra o Islam. Nós contra os terroristas. Nós contra o Iran. Eles somos nós, todos nós juntos neste planeta, contra uma série de problemas comuns e sempre mais urgentes."

Não há dúvida que achamos extremamente difícil estender a compreensão e compaixão àqueles que nos são estranhos. As imagens dos desastres naturais e tragédias causadas pelo homem nas diversas partes do mundo podem, quando transmitidas pela TV trazer a tona nossa compaixão levando-nos a contribuir para alguma instituição beneficente. Pensamos que é a única ação útil que podemos fazer. Mas, as transmissões televisivas em onda 24 horas por dia nos transportam inexoravelmente ao próximo drama, à próxima crise, de forma que a anterior se perde no fundo.

Mesmo com as melhores intenções, é muito difícil sentir compaixão pelos que estão fora do nosso círculo imediato de relações. Poderíamos argumentar que esta incapacidade constitui a base de muitos, se não da maioria dos problemas enfrentados pela sociedade moderna. Falar de aldeia global pode parecer truísmo, mas isto não o torna menos real. Vivemos em um mundo onde nenhum lugar é longe demais, onde aquilo que acontece em uma perdida vila no Afeganistão, em uma empoeirada estrada da Palestina, ou em um café na Indonésia pode ter um efeito profundo sobre a vida no outro lado do mundo.

Sócrates disse que procuramos instintivamente o que é bom para nós. A maior parte dos Seres Humanos deseja a paz no mundo, mas a maior parte dos Seres Humanos diz também que este é um objetivo inatingível, que não há um modo de obtê-lo. O Budismo nos lembra todos os dias de duas verdades: em primeiro lugar, por mais difícil que seja obtê-la, a paz resta objetivo desejável e significativo; em segundo lugar, por mais difícil que seja seu percurso, começa exatamente aqui, com cada um de nós. Podemos partir quando quisermos. Envolve compreendermos com nossa própria vida que não somos impotentes, que através de nossa ação individual podemos ter um efeito profundo e benéfico sobre nosso ambiente.

Daisaku Ikeda fez sua missão de vida explicar as vastas implicações sociais e até globais deste ensinamento. Escreve:

"Em uma era na qual, seja a sociedade como o mundo religioso estão moldados pela turbulência e confusão, só um ensinamento que dá a cada indivíduo o poder de fazer emergir a própria natureza de Buda pode levar todos à felicidade e a transformação da atmosfera do nosso tempo. Em outras palavras, o único modo para obter a felicidade e a paz no Último Dia da Lei é desenvolver o nosso grande potencial humano. Não pode existir nenhuma outra solução substancial para os problemas da sociedade que não envolve o desenvolvimento do nosso estado vital."

FIM

List of References

Page 9. Professor Arnold Toynbee. *Choose Life* (with Daisaku Ikeda)

Page 15. Nichiren Daishonin. *Writings of Nichiren Daishonin.(WND) Vol. 1.* p 1137

Page 19. Brian Greene. *Fabric of the Cosmos*

Page 23. Robin Dunbar. *New Scientist. February 2006.*

Page25. Daniel Dennett. *Kinds of Minds.*

Page62. Richard Causton. *Buddha in Daily Life.*

Page 73. WND Vol. 1. p 3.

Page73. WND Vol.1 p 386.

Page 85. Daisaku Ikeda. *World of the Gosho. Vol. 1.*

Page 89. Martin Seligman. *Time Magazine. February 2005.*

Page 91. WND Vol. 1 p 601.

Page 97. WND Vol. 1. p 302.

Page 98. WND Vol. 1. p 302

Page 107. Professor Arnold Toynbee. *Choose Life (with Daisaku Ikeda).*

Page 123. Daisaku Ikeda. *Faith into Action.*

Page 144. Daisaku Ikeda. *Faith into Action.*

Page 150. Daisaku Ikeda. *Faith into Action.*

Page 159. Richard Feynman. *The Character of Physical Law.*

Page 159. WND Vol 1. p 3

Page 160. Professor Arnold Toynbee. *Choose life (with Daisaku Ikeda)*

Page 164. Jacob Bronowski. *The Ascent of Man.*

Page 165. Richard Feynman. *The Character of Physical Law.*

Page 167. WND Vol.1 p 932

Page 170. Daisaku Ikeda. *Notes to Painting a World of Friendship Exhibition*

Page 179. Michael Marmot. UCH London . *Study on Stress.*

Page 183. Professor Richard Layard. *Happiness.*

Page 183 Sonja Liubomirski. UCLA. *Time Magazine. Feb. 2005*

Page 197. Charles Atkins. *Modern Buddhist Healing.*

Page 201. Dr. Carol Shively. *The Journal of Biological Psychology. Nov. 2004.*

Page 222. WND Vol. 1. p 106

Page 223. Daisaku Ikeda. *World of the Gosho. Vol.1*

Page 248. WND Vol 1. p 386

Page 250. WND Vol 1. p 922

Page 254. WND Vol 1. p 4

Page 262. WND Vol 1. 412

Page 270. Daisaku Ikeda. *World of the Gosho. Vol 1.*

BIBLIOGRAPHY

Advice on Dying and Living a Better Life   *His Holiness The Dalai Lama*
First published: 2002 by Rider, an imprint of Ebury Press, Random House, 20 Vauxhall Bridge Road, London SW1V 2SA.

Kinds of Minds   *Daniel C Dennett*
First published: 1996 by Weidenfeld & Nicholson. Paperback edition published 1997 by Phoenix, Division of Orion Books Ltd, Orion House, 5 Upper St Martin's Lane, London WC2H 9EA

The Buddha in Your Mirror   *Woody Hochswender, Greg Martin & Ted Morino*
First published: 2001 by Middleway Press, a division of the SGI-USA, 606 Wiltshire Blvd, Santa Monica, CA 90401, USA.

The Character of Physical Law   *Richard P Feynman*
First published: 1965 by the British Broadcasting Corporation. Published with a new Introduction in Penguin Books 1992, Penguin Books Ltd, 27 Wrights Lane, London W8 5TZ.

Buddhism A Short History   *Edward Conze*
Reissued 2000. Published by Oneworld Publications
(Sales & Editorial), 185 Banbury Road, Oxford OX2
7AR.

Choose Life A Dialogue   *Arnold Toynbee and
Daisaku Ikeda*
Published by Oxford University Press 1989, Walton
Street, Oxford OX2 6DP.

Going Buddhist   *Peter J Conradi*
First published in 2004 by Short Books, 15 Highbury
Terrace, London N5 1UP.

The Fabric of the Cosmos   *Brian Greene*
First published in the USA by Alfred A Knopf 2004.
Published simultaneously in Great Britain by
Allen Lane 2004. Published in Penguin Books
2005, Penguin Books Ltd, 80 Strand, London WC2R
0RL.

The Buddha in Daily Life   *Richard Causton*
First published as *Nichiren Shoshu Buddhism* by
Rider Books in 1988. Paperback edition published
in 1995 by Rider, an imprint of Ebury Press, Random
House, 20 Vauxhall Bridge Road, London SW1V
2SA.

Mahayana Buddhism   *Paul Williamson*
First published in 1989 by Routledge, 11 New Fetter
Lane, London EC4P 4EE; 29 West 35th Street, New
York, NY 10001.

On Being Human   Daisaku Ikeda, Rene Simard,
    Guy Bourgeault
First published: 2003 by Midleway Press, a division of
    SGI-USA, 606 Wilshire Boulevard, Santa Monica, CA
    90401, USA.

Modern Buddhist Healing   Charles Atkins
First published: 2002 by Nicolas-Hays, Inc, PO Box
    2039, York Beach, ME 03910-2039, USA.

The Living Buddha   Daisaku Ikeda
This book originally appeared in Japanese under the
    title *Watakushi no Shakuson-kan* (My View of
    Shakyamuni), published by Bungei Shunju, Tokyo 1973.
First English edition, 1976. Published by Weatherhill,
    Inc, 568 Broadway, Suite 705, New York, NY 10012,
    USA.

The Power and Biology of Belief   Herbert Benson
New York, Scribner 1996.
*Healing Words. The Power of Prayer and The Practice
    of Medicine*   Larry Dossey
Harper. San Francisco 1993.

Mind Body Medicine   Daniel Goleman and Joel Gurin
New York. Yonkers 1993.

Emotion. The Science of Sentiment   Dylan Evan
Oxford Paperbacks 2002.

The Progress Paradox   Gregg Easterbrook
Random House Trade 2004.

BIBLIOGRAPHY

Authentic Happiness   *Martin Seligman*
Free Press 2003.

The Wisdom of the Lotus Sutra   *Daisaku Ikeda*
World Tribune Press 2000.

Makiguchi: The Value Creator   *Dayle M Bethel*
Weatherhill Inc, New York 1973.
The World of Nichiren Daishonin's

Writings: Vol 1   *Daisaku Ikeda*
Sokka Gakkai Malaysia 2003.

*Lectures on the "Expedient Means" And "Life Span"
   Chapters of the Lotus Sutra*   *Daisaku Ikeda*
World Tribune Press 1996.

*Conversations & Lectures on the Lotus Sutra:
Vol 1*   *Daisaku Ikeda*
SGI-UK 1995.

*Conversations & Lectures on the Lotus Sutra: Vol 2
   Daisaku Ikeda*
SGI-UK 1996.

Happiness   *Richard Layard*
First published in the USA by The Penguin Press, a
   member of Penguin Group (USA) Inc, 2005.

www.ingramcontent.com/pod-product-compliance
Lightning Source LLC
Chambersburg PA
CBHW031826090426
42741CB00005B/152